はじめに――日本の「国質」

いきなりたとえ話を持ち出して恐縮だが、人間には肉体と精神がある。肉体的な測定基準としては体格と体型と体質がある。精神の方には気風と気性と気質がある。人について語る時には、この六つを並べれば、ほぼどんな人物か分るだろう。

国や国民社会も同様だ。物理的な面での体格、体型、体質があり、社会心理や価値観を示す気風、気性、気質がある。

国の「体格」は、その国の国土の広さや地形・気象条件、人口密度といったものだろう。人間の体格が成人したあとではそれほど変えられないのと同様、国の「体格」も、国家が成り立ったあとではそう変えられない。とくに日本の場合は、他の地域と「狭くない海」で隔てられているため安定している。たとえ将来、北方領土が返還されたとしても、体重が一キロ増える程度の変化にもならないだろう。

体型の方は、まだしも変えられる。運動で筋骨をたくましくすることも節食で贅肉を落とすこともできる。極端な場合は美容整形という手もなくはない。日本の「体型」は東京一極集中の有機型地域構造、顔がやたらと大きく胴が痩せ手足が短く太い。昭和十六年以来半世紀の官僚主導型業界協調体制で、「顔」（東京）に血液神経が集まるように仕向けてきたからである。

体質になると各臓器の働きや血圧、脳波が対象になる。養生によって良くもなれば無理が祟って悪くもなる。これにあたる日本の「体質」は最適工業社会、規格大量生産型の工業だけが突出した形になっている。胃腸が強い高血圧症とでもいえるだろうか。

このお陰で日本は国民総生産を巨大化し、国民資産を増やし、輸出競争力も強い。だが、そこに住む国民は豊かさの実感がなく、しょっちゅう苛立っている。各細胞にあたる企業の活動は積極的だが、ゆとりがなく落ち着かない。

精神面の方ではまず気風、その人が生れ育った風土や伝統によってはぐくまれた性格がある。これも成人してからは変り難い点で体格に似ている。

当然日本にも千年余の歴史にはぐくまれた民族的社会的気風がある。その最大の特色は文化を体系的に捉えない実際主義、同時に一人が複数の宗教をも信仰できる相対的正義感といったものだろう。

第二の気性は、各個人がもって生れた性格だが、修行や勉強で変えられないわけではない。日本のそれにあたるのは、内志向の集団主義、日本式経営は、それを職場単属型にした特殊戦後的表現だろう。一時は外国にもこれを賞賛する学者がいたが、最近では日本以外では通用しないことが明白になっている。

第三の気質を、生れ育つ過程での環境や情報でつくられた精神的反応だとすれば、日本の気質は官僚主導型業界協調体制ということになるだろう。明治以来の近代化の過程で、国際環境や外国からの情報を受け入れてつくられた、比較的新しい日本の社会的特質である。これが完成したのは昭和十六年、ちょうど半世紀前だが、今では日本の行動と日本人の発想を制約する仕組みとなってしまった。

こうした日本の特性の総体を、日本という国の質、つまり「国質」と呼ぶことができる。戦後四十六年間、日本の「国質」は、この国の経済発展と平和維持に役立った。日本を包む世界構造と国際秩序が、はからずも有利だったからである。

ところが、今、その世界構造と国際秩序が大変化しようとしている。東西対立冷戦構造の終焉によって、戦後型世界構造は消滅、新たな世界構造と国際秩序の再構築が急がれているのだ。幸いにも冷戦の勝利者側に立ち、巨大な経済力を備えるに至った日本は、単なる傍観者ではあり得ない。自らの英知と勇気で積極的に行動し、日本に有利な世界構造と国際秩序の形成のために影響力を行使しなければならない。

もちろん、それは世界を日本の思うままに変えることではない。ましてや現状の既成組織や特定分野の利益と利権を世界に認めさせることではない。かつてこの国は、一部集団の利権と官僚組織の権限のために世界を敵とした失敗を思い出すべきであろう。

日本が、新しい世界構造の中で有利な地位を占め、新しい国際秩序に順応して繁栄を保ち、本当の豊かさを実感できる国となるためには、それにふさわしいように体質と気質を革（あらた）める必要がある。

人間が本当に高い地位と豊かな暮しにふさわしい人物となるためには、単に作法や言葉遣いを改めるだけではなく、体質も気質も革めなければならないように、国もまた環境の変化に応じた性質変革が必要なのだ。

この一文を、「日本革質」という耳慣れない標題にしたのは、そんな提言をしたかったからである。

堺屋太一

一九九一年四月

目次

第二章　世界史の中の「湾岸戦争」

第三章　新世界構造の模索

装幀——川上成夫

第一章　「新たな戦後」——九〇年代

東西対立の冷戦が終った。それを実現したのは、人類の英知でも指導者の決断でもない。社会主義文化の崩壊による東側陣営の「敗北」であった。

冷戦は大戦争だった。地球ばかりか宇宙にまで舞台を広げて、軍事、政治、経済、文化、情報宣伝のあらゆる分野で、四十年余にわたって戦われた世界的大戦争だった。それにようやく勝負がついたのだから、今、この一九九〇年代前半は、「終戦直後」である。今、世界各地に見られる激動は、まさしく「終戦直後現象(アプレゲール・シンドローム)」なのである。

1 「文化」としての社会主義の崩壊

東西対立の「冷戦」に決着がついた

一九八九年十一月九日、突如として「ベルリンの壁」が破れ、東側の人々がぞろぞろと西ベルリンに入ってきた。

それは、東西対立の冷戦が終焉したことを象徴する出来事であった。冷戦の象徴「ベルリンの壁」が破れただけではない。「共産主義の優等生」といわれた旧東ドイツ(ドイツ民主主義共和国)が、「壁」を維持する能力と意欲を失ったことを、そしてそこに三十八万人の軍隊を駐屯させているソ連にも、「壁」を存続させる意志のないことを、明白にしたのである。

西側の人々は、この事件を喜びよりも驚きで受け止めた。東側社会主義諸国の経済が不振に喘ぎ、重大な体制的欠点を暴露しつつあることは知られていたが、大部分の人々は、軍事政治勢力としての社会主義陣営はまだ強固で、東西対立の冷戦構造自体は今後も長く続くと考えていたからだ。

それより四年半前、一九八五年三月にソ連共産党書記長に就任したゴルバチョフ氏は、社会主義計画経済の不備と共産党一党独裁の弊害を率直に認め、大胆な改革を提唱していたが、それも社会主義の立て直しのためであって、社会主義を放棄するためとは思われていなかった。それだけに、欠くべからざる同盟国であり、東西対立の最前線でもある東ドイツの消滅を、ソ連が座視するなどとは想像もできなかった。そんなときに、突如として冷戦の終結を告げる事件がベルリンで起ったのである。

それはあたかも、一九一八年十月、西部戦線のドイツ軍が降服したときの驚きに似ている。第一次世界大戦が五年目を迎えた当時、孤立の色を深めていたドイツ帝国が、経済的にも軍事的にも行き詰っていることは推測されたものの、ドイツの軍事力と統治力はまだまだ強力だと信じられていた。ドイツ軍はまだ、本国の国土に敵軍をまったく入れていなかったからだ。

だが、戦後になって判明したドイツの内実は、ドイツ帝国が継戦能力を失っていたことを納得させるに十分だった。四年半の激戦で多くの若者が死傷した結果、著しい労働力不足に陥り、工場では技能者が、家庭では男性が、農村では壮丁ばかりか牛馬さえもいなくなっていた。原材料も食糧も不足になり、工業施設も鉄道車両は磨滅し、すべての生産力が急激な低下に見舞われていた。

何より決定的だったのは、短期決戦の予想が外れたばかりか、相次ぐ動員計画と作戦行動が失敗に終ったことで、官僚や軍人に対する大衆の信頼が失われたことだ。第一次世界大戦でのドイツ軍の降服の直接的な契機となったのは、キール軍港の水兵の反乱に象徴される統治者への不信、つまり官僚主導型啓蒙主義の「文化」の崩壊であった。

今次の冷戦もこれに似ている。二十世紀前半の二回の世界大戦が、膨大な殺戮と広範な破壊を伴ったのに比べれば、東西対立の冷戦が熱戦に及ぶことなく終焉したのは幸いだったが、そうさせたのは人類の英知や政治家の決断であるよりは、長く冷たい戦いでの勝敗であった。ソ連や東欧諸国の内実が知れわたるとともに、東側が膨大な費用と激しい心理的圧迫を伴う冷戦を継続する能力を失っていたことが、ますます明らかになりつつある。

東側の社会主義諸国は、単に経済的に逼迫しているだけではない。数十年にわたって収奪を続けた自然は耐えがたいまでに破壊されたし、チェルノブイリの事故以来、ソ連の技術に対する信頼は失われた。不運な災害やアフガニスタンでの敗戦は、ロシア民族の指導力を疑わせ、ソ連を構成する諸共和国の民族意識を呼び覚まし、共産主義の超民族的連帯感を消滅させていた。

何よりも決定的なことは、社会主義の理論に対する自信と信仰が消え失せたことだ。理念をもち理論を信じ、やがては理想の社会が実現するという幻想があれば、人間は苦しい現実にも耐え忍ぶ。民族や国益を超えた結束もあり得る。だが、理念が失われ理論が信じられなくなれば、自己犠牲と感情抑制は効かなくなる。一九八〇年代の社会主義諸国は、まさにそうなった。

その結果、社会主義官僚の倫理は頽廃し、統治機構の権威は失われてしまった。要するに、一九一八年のドイツにおいて官僚主導型啓蒙主義の文化が崩壊したのと同じように、一九八九年のソ連や東欧では社会主義の「文化」が崩壊したのである。

社会主義体制を倒した「文化」の崩壊

経済志向の戦後日本人は、何事も経済問題として理解したがるが、世界の歴史に、一つの体制が経済的困難で崩壊した例はごく少ない。海上封鎖とB29の猛爆撃で経済的には窮乏をきわめた昭和二十年半ばの日本でも、それゆえに降服を主張した人も革命をめざした勢力も現われなかった。日本以上の破壊を受けたドイツでも、全領土を連合軍に占領されるまで抵抗が続けられた。

経済封鎖を受けたキューバも、激しい爆撃に曝されたベトナムも、経済困難では音を上げなかった。国内の通貨がすべて米ドルというパナマでさえも、アメリカの経済封鎖に二年も耐えてノリエガ支配を保ち続けた。もし米軍が出動してノリエガ個人を逮捕していなかったなら、今もパナマの体制は変っていないだろう。

内閣や大統領の地位ならともかく、社会の体制自体が経済的困窮で覆ることは滅多にない。一つの社会体制が崩壊するのは、敵軍やゲリラの攻撃で国民の安全と秩序を守る治安維持能力が失われた時か、その体制に対する信頼と自信が失われた結果、官僚倫理が頽廃し統治機能が作動しなくなった場合かに限られる。体制の崩壊は、その体制が準拠する社会文化の崩壊によって起るのである。

今回の社会主義体制の崩壊も、例外ではない。ソ連でも東欧諸国でも、経済的困難が深刻化する前に、社会主義の「文化」が崩壊、官僚倫理の頽廃と統治機能の麻痺が起っていた。経済的困窮は、社会体制崩壊の原因であるよりも、むしろ結果なのだ。

ソ連や東欧諸国の今後、そしてそれを含む世界の将来を考えるうえで、この点を正確に認識しておく必要がある。ソ連や東欧の社会主義体制が、単なる経済問題で崩壊したのであれば、その立て直しはさほど困難ではないだろうし、世界に与える影響もたいしたことがないだろう。第二次世界大戦で壊滅的な破壊を受けた日本や西ドイツの経済でも、十年後には「もはや戦後ではない」といえるまでに復興したのだから。

だが、社会主義体制を倒したのが、社会主義文化の崩壊であったとすれば、それに代る社会文化が成立するまでは混乱と分裂が続くことになるだろう。一九八九年から九〇年にかけて起った事件は、対外的膨張政策と国内的思想統制を基礎とするスターリン体制の政治的敗退だけではなく、マルクスによって提唱されレーニンによって実現された社会主義文化の消滅であったという事実は、今後の世界と日本を考える上で、最も基本的な重大事である。

唯物論、計画経済、一党独裁が本来の社会主義

長いあいだ、社会主義は人類の夢であった。過去百年以上にわたって、社会主義は、もっとも豊かで平等な社会を実現する理想の体制と、多くの人々に信じられてきた。現実の政治においては社会主義に反対する人々からも、「理論的にはともかく、現実的には理想どおりにはいかない」

という声は少なくなかった。つまり、社会主義に対する批判は、理論的誤謬を攻撃するよりも、現実的困難さを指摘するほうが多かったわけである。

それほど長いあいだ、全世界の多くの人々に信じられてきた社会主義が、現実政治としてばかりではなく、理論的、文化的にも破綻したのはなぜか。その理由を、私は一九八五年十二月に出版した『知価革命』（PHP研究所刊）においても示唆したつもりである。

それをひと言でいえば、個人の「好み」と流行などの社会主観に依存する「知恵の値打ちの（知価）社会」では、工業社会の倫理と美意識に立脚する社会主義は、理論的にも理想としても生き残れない、ということである。

本来の意味での社会主義——マルクス主義——は、人間は十分な情報を得て冷静に判断できる状況になれば、客観的に見てもっとも経済的に有利な選択（合理的選択）をするはずだ、という前提に立っている。人間を、マルクスのいう「経済人（ホモ・エコノミクス）」として捉える唯物論が理論的前提となっているわけだ。

人間が唯物論的経済人であるとすれば、個人的な好みや宗教的な伝統による欲求の差は、本来的にはあり得ない。社会主義者が、流行を「浪費づくり（ロースト・メーキング）」と非難し、宗教を「人間の合理的判断を誤らす麻薬」と否定したのは、このためである。

この前提に立てば、あらゆる商品やサービス（いわゆる「財」）には、その社会の技術的経済的条件とそこにおける各人の立場に応じて、科学的客観的に決定できる最適規格が存在するはずである。そしてそれを、十分な情報をもつ善良で有能な専門家が発見できるはずだ、と想定することができる。

たとえば、年収五百万円で大都市に住む四人家族のホワイトカラーに最適の乗用車は、これこれの大きさと性能とスタイリングのものだ、と有能な専門家ならただ一つの規格を決定することが可能であろう。

同様のことは、衣服についても住宅についてもレジャーや医療についてもいえる。社会主義国に限らず、政府官僚の指導力の強い社会では、つねにこの種の発想が生れた。一九三〇年代のドイツや一九六〇年代の日本もそうであった。大量生産の利益が大きい近代工業では、ただ一つの最適モデルを大量生産することが効率的だからである。国民車、国民服、ツーバイフォー規格住宅などはそんな発想から生れたものだ。

このことをさらに拡大すれば、人間の消費全体の配分についても、それぞれの社会環境に応じた最適消費配分とでもいうべきものを、第三者が科学的に決定できることになる。ホワイトカラーにはホワイトカラーの、商店主には商店主の、農民には農民の、もっとも有利なライフスタイルが存在し、それを有能で善良な専門家が発見できるはずである。

したがって、そうした最良のライフスタイルでの需要量を総和すれば、国民経済全体の最良の総需要が計算できる。これには設備投資や開発投資の留保も含めて、長期的な全体の最大幸福を追求する高い視野が必要だし、それによる配分の複雑化も避けがたいが、理論的にはそれぞれの社会の総供給の最適配分の算定が可能であり、それに適した供給体制を計画的に立案できるはずである。

社会主義者が「有能にして善良な人民の政党」ならば、全国民を究極的な幸せに導く計画経済を実施できると主張したのは、以上のような前提に立ってのことであった。同時にまた、この前提に立てば、計画経済以外に最良の結果を生み出す道はない、ということにもなるだろう。

この前提を是認すれば、社会主義的計画経済体制も肯定できるし、「有能にして善良な人民の政党」の一党独裁も許容できる。商品とライフスタイルに客観的な最良モデルがあるとすれば、その探究と執行を、もっとも有能で善良な一組織に委ねてもよいはずだからである。それどころか、これに反対する政治勢力は、客観的最良の計画を否定する陰謀として弾圧することも許されるであろう。本来の意味での社会主義は、唯物論と計画経済と一党独裁の三つが合体した「三位一体」の体制なのである。

社会主義は理論的にも誤っていた

長いあいだ、社会主義が「未来の理想」と考えられたのは、この理論が信じられていたからだ。現実政治においては社会主義に反対する人々の中にも、「理論的には」社会主義的計画経済が、資本主義的浪費と階級的不平等を解消する方法であることを認める人々が少なくなかった。

実際、かつては——そして部分的には今日でも——社会主義批判の多くは、理論的欠陥よりも現実的困難の面に集中していたかの感がある。つまり、「理論的にはそうだとしても、第三者たる専門家が各商品の最適モデルを発見することは難しい。ましてや、各人の最適消費配分——最良のライフスタイル——を決定することはできない。人類はまだ、それに十分なほどの情報を蓄積していないし、蓄積された情報を存分に活用できるほどの人材も乏しい」というものである。

社会主義国の指導者の人格的欠点や贅沢趣味、官僚たちの無能や非能率を並べる批判も、実は理論と現実の格差を指摘するだけで、理論的誤りを明確にする論法ではない。

この種の反対論は、所詮、社会主義そのものの否定ではなく、現実の政治として社会主義を実施するのは時期尚早だ、と論じているにすぎない。一九七〇年代までの西欧や日本では、社会主義に早急に近づこうとする政党を「革新」、社会主義の実現をなるべく遅くしようとする政党を「保守」と呼び習わしてきた。そこには、やがては世の中が社会主義的な方向に向うだろう、という考えがにじみ出ている。

実は、この種の批判論は、時として社会主義の擁護にも利用された。西側先進国に比べて、社会主義を実施したソ連や東欧諸国の現実が貧しい状態にあるのは、資本蓄積と情報集積が乏しく、それを活用する組織と人材も不備なせいである、という言い訳ができたからだ。これには科学技術が進歩し資本蓄積と組織整備が進展すれば、社会主義社会は資本主義国よりも必ずよくなるはずだ、という主張が含まれていた。

また、一部の人々が、社会主義諸国の不幸な現実を、戦争や外圧による混乱の中でスターリンのような不適当な人物が権力を握ったせいにした。「社会主義の理論は正しい、だが、指導者が悪かった」というわけだ。そこには、不適当な人物でもいったん権力を握れば、容易に追放できない共産党的権力制度に対する批判はあったが、社会文化としての社会主義理論の基本に関わる批判は含まれていない。

スターリンを厳しく批判したフルシチョフ・ソ連共産党第一書記が、一九六〇年に「二十五年後の一九八五年には、一人当り国民所得でソ連はもっとも進んだ資本主義国であるアメリカを追い抜くであろう」と豪語したとき、日本や西欧諸国にもこの言葉を信じる者が少なくなかった。悪しき指導者・スターリンを除去して、社会主義の正道に戻ったソ連は、科学技術の進歩と資本蓄積の進展によって、効率的で平等な「天国」を築くことができるかもしれない、という期待があったのである。

しかし、実際には、フルシチョフが指定した一九八五年に、ソ連の経済はアメリカを追い抜くどころか、シンガポールや台湾にさえ追い抜かれていた。この年、ソ連共産党は、社会主義体制の崩壊に繋がるペレストロイカを主張するゴルバチョフを書記長に推戴したのである。

近代工業社会の一体制にすぎなかった社会主義

社会主義国の経済は時とともに改善したのではなく、一九七〇年ごろを境として、急速に悪化していった。このことは、社会主義の欠陥が、資本蓄積や情報集積の不足とか、組織・人材の不備とかにあるのではなく、本質的に間違っていること、少なくとも七〇年代以降の現実には適合しないことを示している。

一見完璧に思えた社会主義の理論の、どこに誤りがあったのか。それは、とくに人間を客観的な有利を求める「経済人」と規定した唯物論的前提にあった。この考えは、客観性を絶対視する点で極度に近代工業社会的な発想だった。したがって、社会主義の理論は、工業社会的な倫理と美意識の衰退とともに消滅すべき運命にあったのである。

拙著『知価革命』で詳述したように、人間には足りないものは節約するのが正しいと信じる倫理観と、豊富なものをたくさん使うのが恰好よいと感じる美意識を育てる「やさしい情知」が備わっている。

十五世紀に東方貿易の発達や地理上の発見で物財が豊富になると、人々の心には「物財をたくさん使うことが恰好いい」という価値観が生れた。つまり、誰にでも正確にわかる物量という客観的な基準が重要になったのである。ルネッサンスを出発点として芽生えた近代思想が、客観性を重視するのはこのためだ。近代人は、中世を支配した社会主観的な「神」に代る基準として科学的客観性をもちだしたのである。

この思想は、一方において、事物を客観的に観察し、その原理と構造とを探究する「科学する心」を生み、他方においては客観的に計量できる物財の多さに幸せを感じる近代的価値観を育てた。産業革命によって形成された近代工業社会は、これが実際社会で結実した成果といえる。そこには科学技術の進歩と物財生産の拡大を促進する仕組みがビルト・インされていた。そしてそれによって、社会の物財はますます豊富になり、それがまた人間の「やさしい情知」を刺激して、物財の量を求める欲求を一段と強めた。

このような価値観が一般的であれば、社会全体としての物財の量を増大することが社会正義と考えられるだろう。したがって、それにもっとも有利な商品規格とライフスタイルこそ、最善の規格ということにもなる。それぞれの商品についても、各人のライフスタイルについても、科学的客観的に最適モデルが存在するという社会主義の前提は、この意味での客観性を絶対視するという点において、極度に近代工業社会的な発想である。

一部の人々は、社会主義こそ近代工業社会を超越した「未来の体制」と主張してきたが、実は社会主義も資本主義も、物財の多いことに幸せを感じる近代工業社会の中の一体制にすぎなかった。いやむしろ、客観性を絶対視した社会主義こそ、工業社会的な価値観が普及した社会に限定された体制だったのである。

ところが、一九六〇年代末から、西側先進国においては、客観性よりも主観性を、機能的利便性よりも感覚的満足感を重視する欲求が高まりだした。今日、「ポスト・モダン」とよばれる生活文化上の流れが広範に起ったのだ。このことは、客観性を絶対視する社会主義の基盤を、理論的にも実際的にも掘り崩した。ソ連や東欧の社会主義政権が、西側のポスト・モダン文化の流入を恐れたのは、このことを本能的に感じていたからだろう。

ソ連でも、革命直後の一九二〇年代には、抽象絵画や印象的な映像など、作家の主観性を全面に打ちだした作品が「前衛芸術」の名によって賞賛されたことがある。しかし、これも長続きすることなく弾圧された。一九三〇年以降のソ連の芸術は、きわめて保守的な社会主義リアリズムに収斂してしまう。

商品の規格からライフスタイルまでを科学的客観的に規定できるとする唯物論を前提とする社会主義は、主観性の強い「前衛芸術」を評価できなかったのだ。スターリン時代のソ連では、歴史や生物学が露骨に歪曲されたが、それにも客観性の仮面を被せることだけは忘れなかった。社会主義的独裁者は、独裁者の主観を正義にしたのではなく、独裁者の主観を客観的事実と吹聴したのである。その点で社会主義的独裁は、近代化以前の宗教支配や絶対王制とはまったく違う。それを踏みはずして独裁者の主観を正義とする政権があったとすれば、いかなる名称を唱えていても社会主義と見るべきではない。

そうした社会では、あからさまに客観的合理性に反乱した「ポスト・モダン」の文化を許容することはできない。それでも、これがファッションや音楽の領域における「文化革命」に留まっているのであれば、耐えがたいほどのことではなかった。だが、一九七〇年代に起った二度の石油危機と環境問題の深刻化は、人々に資源有限感を植えつけ、物財の量的増大よりも主観的な「知恵の値打ち（知価）」への欲求を決定的に高めることになった。世界最大の産油国のソ連が、石油危機の最大の被害者だったわけである。

2　「知価革命」に敗れた社会主義

「知価」の介在する余地のない計画経済

石油危機と環境問題によって広まった資源有限感は、人々の「やさしい情知」を揺さぶり、物財の量的増大こそ幸せだという工業社会的価値観を掘り崩した。同時に、この時期の情報技術の発展普及と余暇時間の拡大は、「知恵」を豊富にし、知恵を使った「知価」への欲求を高めることにもなった。一九七〇年代を境として、西側先進国では資源エネルギーの多消費を恰好よいとする美意識が衰退、「知価」を求める動きが加速化する「知価革命」現象が蔓延する。

一九八〇年代になると、技術開発の面にも実際の需要の面にも、「知価革命」が急激に進行する。情報技術の進歩した世の中では、ソ連や東欧――部分的には中国さえも――が、この影響を完全に遮断することができなかった。衛星通信とビデオパックで送り込まれる「知価革命」の情報には、「鉄のカーテン」も無力だった。

ソ連や東欧は、国民に物財が今後も豊富になりつづけるという希望をもたせようとして、巨大技術と処女地の開発が無限の資源とエネルギーを提供するだろうと宣伝する一方、環境問題の存在を極力無視することに努めた。社会主義国が、一貫して科学技術の進歩を楽観的に吹聴し、自然環境の破壊を深刻に考えなかったのは、物財の量という客観的尺度に依存する体制を維持するためには、それが必要だったからだ。

だが、結果としては失敗だった。チェルノブイリの事故は、ソ連の技術に対する信頼を失わせ、科学技術が限りなく物財を増加させるという夢を打ち砕いてしまった。子供たちに防毒マスクを配り、アラル海の水面が半減するようでは、自然破壊も隠せなかった。

加えて、近代装備のソ連軍が、旧式銃と家畜の群で武装したアフガン・ゲリラに勝てなかったことは、物財信仰を根本から揺さぶった。経済力と技術力に優る工業国が軍事的にも必ず強いという工業社会の公理は、ベトナムにおけるアメリカの敗退に続いて、ソ連自身の手でも否定されてしまったのである。

こうした事実の積み上げの中で、ソ連や東欧諸国にも、僅かずつだが「知価革命」は浸透していった。そしてそれが、社会主義計画経済を急速に困難に陥れた。そう、「知価革命」の浸透は僅かだが、それによる計画経済の困難は急速に広まったのだ。工業社会的前提に立つ社会主義計画経済には、「知価」が介在する余地がまったくないようになっていたからである。


不可能を強いられる者は、倫理的に頽廃する

主観に依存する「知価」が重大になると、計画的な需要予測が難しい。来年度の小麦や鉄鋼の需要なら客観的に予測することも可能だろうが、どんなデザインのネクタイが流行するかを客観的に予測することは不可能だ。

このため、八〇年代に入ると、ソ連や東欧では、一方に滞貨の山がありながら、他方では物不足を嘆く消費者の行列がますます長くなる。そしてそれを解消しようとすれば、つねに計画変更が出て、ますます多くの工事中と仕掛かり品を積み上げる。与えられたノルマを完遂するためにだけつくられた社会主義の生産流通システムは、流行のような社会主観による需要の急激な増減に対応する仕組みにはなっていないのである。

不可能を強いられる者は、必ず倫理的に頽廃する。一九八〇年代の社会主義国の官僚も例外ではなかった。主観的感覚性に依存する「知価」への欲求が高まり、需給の整合した計画経済が不可能になると、ソ連でも東欧でも中国でも、官僚機構の倫理は頽廃、責任逃れと個人的欲望の充足にのみ走るようになる。ソ連でノーメンクラツーラと呼ばれる特権官僚が跋扈し、中国では「官倒（官僚汚職）」が広まってしまう。

同時に、計画経済の生みだす需給の不均衡は、それを埋めるための「闇経済」を栄えさせた。アメリカにも日本にも「闇経済」は存在するが、自由経済体制下での「闇経済」は、文字どおりの犯罪的行為であり、正常な社会の運営に必要なものではない。だが、ソ連や東欧の「闇経済」は、計画経済による硬直的な供給と主観的感覚性によって変動する需要との格差を埋めるために欠くべからざるバッファー（緩衝剤）だ。いわば「闇経済」の援けなくしては、「陽の経済」も成り立たないのである。

規格と計画を決定する権限をもった官僚機構の倫理的頽廃と「闇経済」の必然化は、社会主義の理論的破綻と文化的崩壊を意味する。ソ連や東欧諸国の社会主義政権を崩壊させたのは、急激な経済情勢の悪化であったことは間違いない。だが、それをもたらした根底には、人間を「経済人」と規定することで出発した社会主義の文化的崩壊があった。

極度に工業社会的な前提に立った社会主義は、工業社会の弛緩とともに存在基盤を失ったのだ。一九九〇年に崩壊したのは、スターリン型の統治体制やブレジネフ型の特権官僚政権だけではなく、社会主義（マルクス主義）そのものである。

社会主義の崩壊は、工業社会の没落の予兆

かつては「人類の未来の体制」といわれ、西側に先駆けてスプートニクを打ち上げる技術力を形成した社会主義が、かくも無残な結末に終ったのは、極度に工業社会的な前提に立った社会主義体制が、「知価革命」に耐えられない硬直した構造だったからだ。ソ連や東欧諸国における「知価革命」は、ごく初歩的かつ局所的にすぎないが、それによって破壊された経済と統治の機能はきわめて大きい。

それに比べて、経済水準も技術情報の普及度も高い西側先進諸国での「知価革命」は、はるかに高度かつ全般的である。西側諸国が東側のような破滅的状況に立ち至っていないのは、変化が少ないからではなくて、変化を受け入れる柔軟性を自由経済体制は備えているからである。

四十年余にも及んだ東西対立の「冷戦」に決着をつけたのは、社会の変化の大きさの違いではなく、社会の変化に対する順応力の差であった。

それはあたかも、より硬直的な絶対王制のフランスが産業革命に対応しきれずに革命と政変を繰り返したのに対して、より柔軟だったイギリスが産業革命を進行させながら王制を維持したのにも似ている。イギリスに大規模な流血を招くような革命騒ぎがなかったからといって、イギリスの社会構造の変化がフランスより少なかったわけではない。むしろ近代工業社会をいち早く成立させたという点では、イギリスのほうが大きな社会変化を経験していた。

ナポレオン戦争が終ったとき、オーストリアやプロイセン、ロシアなどの皇帝は、ブルジョア革命が広がるのを恐れ、フランスのブルボン王朝の復活を支援したが、産業革命の進行を留めることはできなかった。長い歴史の流れからみると、イギリスで進んでいた産業革命とそれに伴う社会文化の変化は、ナポレオンの一時的な帝政などよりはるかに重要な意味をもっている。

同様に、今次の冷戦の終焉においても、本当に重大な意味をもっているのは、東側の国々で共産党の支配が崩壊したことよりも、社会主義という純粋に工業社会的発想に立つ文化の消滅であろう。このことは、過去二世紀にわたって普遍的公理と信じられていた客観性への信頼を揺るがせ、主観的価値への志向性を一段と早めることになるだろう。

人類は今、工業社会の究極の形としての社会主義に代る未来社会のあり方を求めなければならない。その意味でも、社会主義の崩壊は、工業社会の没落に繋がるに違いない。

新しい社会文化の確立には、長い時間とさまざまな模索が必要である。これから強まるであろう主観的価値志向も、それぞれの国または地域の伝統と発展段階に応じて、異なる形が現われるに違いない。たとえば、ある地域では民族主義が表面に立つこともあるだろうし、ある国では宗教的情熱が先行することも考えられる。

後に触れるように、東欧やソ連の中の諸共和国では前者のケースが予想されるし、幾つかの発展途上国では後者の形態も考えられる。とくにイランやアラブ諸国など、比較的新しい宗教活力をもつイスラム圏では、この傾向が強まる可能性が強い。イスラム教は誕生して千三百年余、仏教でいえば唐代の隆盛期に近く、キリスト教なら宗教革命期とほぼ同じである。

だが、先進工業国においては、主観的価値への志向は、デザインやブランドや情報技術などの流動的な「知価」の創造と流通、つまり「知価革命」の形態を採ることだろう。その意味で、工業社会の没落は「知価革命」の進行と表裏をなす現象といえる。そしてそれは、規格大量生産にもっとも適した「最適工業社会」を形成し維持する日本の現状とは、ますます乖離する方向である。

3 「新たな戦後」九〇年代の国際社会

第一次世界大戦に似ている今回の「終戦」

一九八九年十一月に「ベルリンの壁」が崩壊したことで、冷戦は終焉した。それは、ソ連の軍事的脅威がなくなったことを必ずしも意味しないが、「東西対立冷戦構造」という世界構造は明らかに消滅した。

冷戦は、単に二つの超大国が領土や利権をめぐって軍事的に対立していた現象ではなく、二つの異なる体制とそれを支える社会文化や倫理観の対立であった。だが、今では、ソ連にも東欧諸国にも、社会主義体制を拡大しようとする意欲も使命感もなくなっている。今、ソ連や東欧が急いでいるのは、外国に社会主義を広げることではなく、自国を社会主義でなくするほうである。

今次の冷戦は、大規模な軍事的衝突に至らず、ソ連の改革と東欧諸国の社会主義政権の崩壊という形で終焉したが、そうなったのは東側が冷戦の継戦能力を失ったからであり、社会主義の「文化」が自信と信頼を失ったからである。外交辞令を除いていえば、東側は冷戦に敗北したのだ。一九四五年の日本人は、敗戦のことを「終戦」と呼んだが、今、ソ連はそれを「改革（ペレストロイカ）と融和（デタント）」と呼んでいるにすぎない。

そうだとすれば、一九九〇年代のいまは、冷戦が終戦した直後、つまり「新たな戦後」ということになる。当然そこでは、これまでの「戦後」と同様の混乱と再編が起るだろう。この点では、九〇年代の国際政治と経済状態に幻想を抱くべきではない。

「敗戦国」は、いつの時代でも混乱と分裂に襲われる。とくにその国に特定の社会文化と政治経済体制を植えつけようとする戦勝国がない場合には、それが著しい。その意味でも、今回の「終戦」は、第二次世界大戦よりも第一次世界大戦に似ている。

第二次世界大戦の場合は、ヨーロッパでもアジアでも、戦争の勝敗は軍事的に決着したため、ドイツや日本などの敗戦国は、終戦と同時に戦勝国の軍事占領下に置かれた。しかもその時点ですでに、西側資本主義陣営と東側社会主義陣営の対立が予想されたため、戦勝国は占領地域に自国の社会文化と政治経済体制を植えつけようとした。

終戦直後のドイツや日本には、外交的にも内政的にも体制選択の余地はまったくなかったといってよい。東欧諸国や北朝鮮を社会主義体制にしたのはソ連の軍事力であったし、西ドイツや日本を資本主義体制にしたのはアメリカの占領軍であった。敗戦国の国民ができたことといえば、それぞれの体制の中で特色を維持し、独自の経済繁栄と社会文化を育てることだけだった。日本の場合は、「東西対立冷戦構造」を巧みに利用して、一九五五年ごろから昭和十六年体制以来の「官僚主導体制」を復活強化、最適工業社会の形成に成功したのである。

「占領軍によって体制を植えつけられた」といえば、いかにも植民地的隷属のように思うだろうが、それまでの社会文化が崩壊した敗戦直後においては、そのほうがありがたい面もある。体制選択をめぐる国内の分裂と混乱が回避できるからだ。

それに対して、第一次世界大戦は、軍事的決着よりも前にドイツ帝国が経済と文化の崩壊によって降服したため、全国土が占領下に置かれることも、特定の社会体制を強要されることもなかった。このときの戦勝国がドイツに求めたのは報復的な賠償金と国土の分割割譲であって、特定の社会体制を植えつけることではなかった。このため、その後十五年間にわたってドイツは次なる社会文化の選択をめぐって混乱、結局は「消費の均質化」を掲げる民族社会主義（ナチス）が政権を握ることになる。ドイツ帝国時代のエリート官僚による啓蒙主義に対する極端な反発が、反知性的な右翼全体主義を台頭させたのである。

東側諸国には新たな文化の創造が必要だ

冷戦の終戦直後に当る今、ソ連や東欧を占領しようとする国はまったくないし、特定の社会文化に誘導しようとする国もない。最大の「戦勝国」のアメリカにも、それほどの意欲と独善は見られないし、ヨーロッパの国々にも余裕と自信がない。一時は民族再統一の実現に高揚したドイツも、社会主義文化の崩壊した旧東ドイツ地域の復興の難しさを知って、たじろぎを見せている。もちろん、日本にもそんな大それた考えはない。この国にはせいぜい「会社人間」をつくる「日本式経営」を指導しようという、無知で善良な企業人が何十人かいる程度である。

したがって、ソ連や東欧諸国は、自らの手でこれからの政治経済体制を選択しなければならない。そしてその前に、崩壊した社会主義文化に代る新しい社会文化を形成し定着させる必要がある。七十年余にわたって社会主義体制にあったソ連はもちろん、四十年余を社会主義で過した東欧諸国にとっても、それは容易なことではないだろう。

それればかりか、ソ連を構成する多様な民族と地域が、同一の社会文化を選択し定着させるという保証もない。異なる伝統と風土をもつソ連の諸共和国がそれぞれに異なる社会文化を選択することになれば、ソ連という国家が「共通の文化をもたない共同体」と化す可能性も十分にある。

帝政ロシアとスターリン拡大主義の遺産を引き継いだソ連は、社会主義文化と共産党の統治機能が崩壊すると同時に、国家としての連帯を繋ぐ紐帯がちぎれてしまった。これに代る共通の社会文化と統治機構を、ソ連全土に形成することは相当に困難だ。したがって、何年か後にソ連に再びロシア的強圧社会が復活する恐れもある。だが、民族と宗教を超えた、より進歩的な社会文化が創造され、二十一世紀の指標となる希望もなくはない。これからのソ連がどのような道を歩むかは、一九一八、九年にドイツの将来を論じるのと同じほどに測りがたい問題である。

同様のことは、東欧の国々にもいえる。すでにユーゴスラビアでは、北部のクロアチアやスロベニアが自立の動きを示しているし、ルーマニアでもハンガリー系住民の離反傾向がある。第二次世界大戦によってソ連に編入された旧ルーマニア領のモルドワ共和国は独立を求めて活発に動いている。

東欧やバルカン半島は、つねに大国の利害によって揺り動かされてきた。第一次世界大戦のあとでは人工的な国境によって小国分裂状態になり、第二次世界大戦ではスターリン戦略で国境が西に押しやられた。そして今、それがさらに小地域に分散する現象が生れている。小国分裂の状態をかつては「バルカニゼーション」といったが、そのバルカンがさらに分解する「アフリカナイゼーション」を起しかねない状態なのだ。部族ごとに四十もの国家に分裂した中部アフリカのようになってしまうのではないか、というわけである。

ソ連や東欧の困難は、経済の停滞や政治の混乱だけではない。それ以上に重要で困難なことは新しい理念と仕組み、いわゆる社会文化の再建である。これらの諸国の将来は、それによって決るといってよいだろう。その場合、今までの国境線が共通の文化圏をつくる条件になる保証は、もう見当らなくなっている。

九〇年代前半のアプレゲール・シンドローム

東側の激動に、西側の国々も無縁ではあり得ない。世界的大戦争は、敗戦国ばかりか戦勝国をも変質させるものだ。

一九九〇年代前半に限っていえば、まず起るのは終戦直後現象（アプレゲール・シンドローム）であろう。大戦争が終焉した直後には、いつも共通の現象がある。地域紛争と難民の多発、物不足、資金不足、それに短い戦後不況だ。第一次世界大戦直後の一九一八年から二〇年にかけてもそうだったし、第二次世界大戦直後の一九四〇年代後半もそうであった。

大戦で敗北した国々では、社会文化の崩壊と統治能力の低下で生産と流通が混乱、極度の物資不足に陥り、インフレと不況が共存する状況が出現するのが常だ。ここで戦時中は閉鎖されていた国境線が解放されれば、物資不足の祖国を捨てる移住者が急増する。
第一次世界大戦の後ではドイツや東欧（旧オーストリア・ハンガリー帝国領）から大量の移民がアメリカや南米に移住した。革命を逃れてロシアから移住する者も多く、「白系ロシア人」の名で世界に広まった。第二次世界大戦の後でも、ドイツやイタリア、東欧諸国からの移民が多く、国際結婚も盛んだった。そのなかのユダヤ系がイスラエルに移住したことで、同地のパレスチナ人が難民化する「玉突き現象」も生じた。

冷戦直後の今も、すでに移住者が多発、各地で混乱を起している。東ドイツから西ドイツへの移住者はすでに八十万に達するといわれるほか、東欧諸国からドイツなどに来る人々も急増した。ソ連からも各種のルートで移民が増加しており、イスラエルに入ったロシア系ユダヤ人だけでも一九九〇年には十八万人に上った。これが周辺アラブ諸国に与えている心理的圧力はきわめて大きい。湾岸戦争における冷静と自制で、国際的地位が向上したイスラエルだが、これからも続くであろう移民流入に対応するのは決して容易なことではあるまい。

当然このことは、労働力の過剰と社会階層の複雑化を生み、投資機会と消費需要を増大させる。もちろん、敗戦国の復興や戦勝国での軍需産業転換の投資も必要だ。この結果、世界的に資金不足になる。とくに敗戦国と戦勝国との生産力の格差から生じる国際的不均衡は、敗戦国に対する投資資金の流動を促す要素として無視できない。

第一次世界大戦の後では、ドイツに対するアメリカの過剰投資となり、第二次世界大戦の後ではアメリカが巨額の経済援助を行った。いまも東欧諸国への投資やソ連に対する援助が大きな政治課題となっている。ドイツは旧東ドイツの復興に多額の資金を要する苦しい財政事情の中で、「統合の許可代」としてソ連に対し百五十億マルクもの経済援助を行っている。そのうちの百二十億マルクは、旧東ドイツに駐在する三十八万人のソ連軍に引き揚げてもらうために、ソ連国内に住宅や兵舎をつくる費用だという。軍隊は進むにも引くにもお金がかかるのである。

旧西ドイツは、日本に次ぐ資金供給国だったが、今では資本導入国になってしまった。これでは世界が資金不足になり、金利が高騰するのは当然だ。そしてそれは、高金利を招くだけでなく、不況も招く。いわゆる戦後不況である。一九九〇年からのアメリカの不動産不況と消費不振、ドイツにおける失業の急増、日本の「バブル経済」の凋落などは、その現われだ。しかしここで西側諸国が、東側に対して安易に経済協力を拡大すれば、東のインフレを西に呼び込むことにもなりかねない。旧社会主義国に、社会主義文化に代る新しい文化が確立されない限り、真の意味での生産力拡大と自転的経済発展はあり得ないからである。

九〇年代の世界は、旧社会主義圏の政治的安定の早期実現と、西側での「戦後不況」の短期克服と、世界的な通貨価値の維持安定との、三つの目標を同時に達成するために苦しい選択と困難な自制とを強いられるであろう。

ここで最大の課題は、やはり東側での社会主義に代る新しい文化の創造と西側での冷静な判断、そして何よりも「知価革命」の進展を組み込んだ世界構造の新構築と新たな均衡を実現する国際秩序の再編成である。そしてその責任の一端は、幸いにも冷戦の「戦勝国」となった日本にもかかっているのである。

第二章　世界史の中の「湾岸戦争」

湾岸戦争は、冷戦の終焉によって漂った平和ムードを吹き飛ばす事件だった。だが、それは世界危機にまで拡大することなく、一つの地域紛争として終ってしまった。東西対立の冷戦構造が消滅していたため、地域紛争が世界危機に発展することはなかったのである。

しかし、この事件を通じて示されたことは重大である。今や世界は、東西対立冷戦構造に代る新しい世界構造と、そのサブ・システムとしての新しい国際秩序を構築しなければならなくなっていることが明確になったからである。

湾岸戦争という小さな短期の戦争も、世界史の中で捉えるならば、多くの重大な示唆を含んでいる。

1 湾岸戦争は「地域紛争」

中東の湾岸戦争は、武力によって決着がついた。一九九〇年八月二日、イラクがクウェートを侵略した時から、そうならざるを得ない状況ができあがっていたといってよい。結果的に見れば、湾岸戦争はイラクという発展途上国の独裁者が引き起した「小さな地域紛争」だった。だが、冷戦後の世界構造と国際秩序の再構築という世界史の流れの中でみれば、この「小さな地域紛争」が重大な意味をもっている。

一九九一年一月十七日、多国籍軍が攻撃を開始すると、石油価格は下落し株価は上昇した。市場は、湾岸戦争を世界の危機とは見なかった。この戦争が「東西冷戦構造」の終焉したあとで起ったため、世界的な拡大の可能性が乏しかったからだ。だが、より深く歴史の流れを見るならば、湾岸戦争後の世界は「東西対立」よりも憂鬱な「南北憎悪」の構造に陥る恐れがある。平和慣れと経済繁栄の中で、既成の組織と権限構造によりかかって安逸をむさぼる日本の周囲では、今、危険に満ちた大変化が進行しているのである。

相場は何かを知っている

「相場は何かを知っている」――これは、十七年前に中東戦争と石油危機をテーマに書いた小説『油断！』の中にも引用したイギリスの格言である。

証券にしろ商品にしろ、市場の相場には不特定多数の判断を集約する機能がある。したがってそこには、世の多数の人々が現実的感覚で感じ取った未来予測が表現される。自由競争と民主主義を信奉するとすれば、長期的には多数の判断こそ正しいはずだ。それだけに、相場が示す経済予測は信じるに足る。その相場が、世の評論家や学者の解説と違った動きをするとすれば、理論的には不可解な現実感覚が存在することを意味する、それが先の格言なのである。

そのような目で見ると、一九九〇年八月からの中東湾岸戦争にも一定の推論を下すことができる。九〇年八月二日、イラクがクウェートに軍事侵略を行った直後には、石油価格は急騰、一時は一バーレル三十八ドルまで上昇した。これについて各種商品相場も堅調になったし、ドル相場も上昇した。一方、日本をはじめ各国の株式相場は、年初来の下落傾向を速め、金利も高水準に達した。要するに「世界的な危機」を感じ取った反応を示したのである。当時は、「湾岸で戦闘がはじまればたちまち石油は五十ドル、金は五百ドルに急騰、株式市場は大暴落するだろう」といわれたものだ。

ところが、九〇年の十一月ごろになると見方が逆転。「湾岸で戦争がはじまれば石油は売り、イラクに譲歩して外交的解決が図られるようなら石油は高騰」というのが、世界の常識となりだした。「ここでアメリカを中心とする国際社会が、冷戦後の秩序づくりに断固たる態度を示せるとすれば、当分のあいだ、石油などの供給不足は起らない。しかし、それができなければ、次々と地域紛争が発生し世界経済は混乱、モノ不足とドルの威信低下が決定的になってしまう」というわけである。

現実には、九一年の一月十六日にアメリカを中心とする多国籍軍（英語では同盟軍（アライズ））がイラク爆撃を開始、湾岸戦争がはじまった。これに対して日本やドイツ、産油国などが戦費を分担した。国際社会は「侵略者イラク」に対して断固たる態度を示し、新しい軍事秩序の形成への一歩を踏み出したわけだ。そしてその日から、石油価格は下落、株価は上昇、ドルと金はむしろ低落傾向になった。世界の市場は、前年秋以来の予想どおり、湾岸戦争の勃発を「世界危機の回避」と判断したのである。

もっとも、これには多国籍軍の攻撃開始当初の楽観的な戦況報道も関係していたであろう。開戦初日、二千回に及んだ多国籍軍の空爆が、ハイテク兵器による目標破壊の映像入りで報道されたため、ごく短期間で戦争が終るような印象を与えたことは事実である。しかし、その後の経過は、必ずしもそれほど簡単でないことを明らかにした。イラクのミサイル発射装置は温存されていたし、空軍機もほとんど破壊されていなかった。地上軍が主要攻撃対象となったのは、二月に入ってからだ。多国籍軍が地上戦開始の目途としたイラク地上軍の戦力五〇％破壊までには、さらに二十日、延べ十万回の空爆と艦砲射撃が必要だった。損害を最小限に抑えることが至上目的の多国籍軍側は念を入れた空爆をやらねばならなかったわけだ。

これに対してイラクは、非参戦国のイスラエルにミサイルを撃ち込んだり、油田に放火をしたり、海に原油を流したり、各地でテロを煽動したり、民間人の死傷を宣伝したり、強硬な大統領演説と和平提案とを交互に繰り返して判断を惑わしたり、奇手奇策を連発して多国籍軍側を動揺させようと図った。いずれも軍事的にはほとんど意味のないことだが、スタンドプレーとしてはなかなかのものだ。そのたびに世界は驚き騒ぎ、アラブ諸国と欧米の言論は動揺した。

しかし、それにも市場はほとんど反応しなかった。石油は開戦日の暴落を埋めるように幾分か戻したが、株式は世界的に上昇傾向、「危機に強い」はずのドルと金は低下傾向を続けた。軍事評論家や政治学者の解説が揺れ動いたのとは裏腹に、市場の見方は頑固なまでに変らず、終始「湾岸戦争は世界危機ではない」と主張し続けているのである。

この市場の見方は正しかった。今日の世界には、たとえそれが石油という重要物資の供給源であっても、地域紛争を世界危機に拡大するような世界構造が存在しなくなっているからである。

サダム・フセインの「三つの意外」

ソ連のゴルバチョフ大統領の特使として、何度かサダム・フセイン大統領と会談したプリマコフ氏によれば、サダム・フセインは開戦直前に「自分にとって意外だったことが三つある」ともらしたそうだ。

第一に、アメリカがこれほど迅速かつ大規模に軍隊を湾岸に派遣してくるとは意外だった。

第二に、アラブ諸国、とくにエジプトやシリアがこれほど強くアメリカと連帯を組むとは思わなかった。

第三に、ソ連が、このようにアメリカと同一歩調を取るとは予想しなかった。

というのである。戦争がイラクの惨敗で決着したあとから見ると、「何を今さら泣きごとを」の感が深いが、二、三年前までの世界情勢を思い出せば「なるほど」とうなずけることばかりである。

まず第一のアメリカ軍の湾岸展開は、たしかに異例の速さだった。イラクがクウェートを軍事侵略したのは一九九〇年八月二日、翌三日には、別の用件でコロラド州アスペンにいたイギリスのサッチャー首相（当時）とブッシュ・アメリカ大統領が会談、サッチャー首相の「彼（フセイン）はクウェートだけで止まらないわよ」の一言で両首脳の意見は一致、直ちに湾岸に兵力派遣の方針が決った。そして中二日おいた八月五日、アメリカはチェイニー国防長官らがサウジアラビアに飛び、翌々七日にはサウジアラビアがアメリカ軍の派遣を要請している。イラクがクウェートに侵略してから僅か五日間で、きわめて重要な決定が米、英、サウジアラビアの三国で行われたわけだ。そしてそれから七十時間後には、もうかなりのアメリカ軍がサウジアラビア東岸に存在していたのである。

これまでにアメリカの軍事行動がこれほど急速に決定された例は、一九五〇年の朝鮮戦争以外にはない。朝鮮戦争の場合は、アメリカの軍事顧問団多数がいた韓国が直接攻撃され崩壊寸前にまで追いつめられたが、今回はアメリカのほうから口説きおとす形で、まだ攻撃対象となっていないサウジアラビアの防衛に出動したのである。

一方、受入れ側のサウジアラビアの決定も早かった。イスラム教の聖地メッカの守護者を自認するサウジアラビアとしては、異教徒の大軍を招き入れるのは苦渋に満ちた決断のはずだが、それにも時間がかからなかった。イラク侵入の恐怖とアメリカの圧力があったとはいえ、この迅速さは、「予想外」といえるだろう。

第二のエジプトやシリアの態度も、「意外」といえる。周知のように戦後の中東アラブ諸国は、長くパレスチナ問題をめぐってイスラエルおよびその後援者アメリカと対立してきた。エジプトは十五年ほど前から和解の姿勢を示していたが、それでも反イスラエルの建前は捨てていない。シリアに至っては、つい最近までレバノンをはさんでイスラエルと戦闘を交えていた。シリアの政権を握るバース党は、アラブ民族社会主義を標榜、反米親ソ的姿勢を続けていた。シリアの政権とイラクの政権は同じバース党ながら、近親憎悪的な抗争を続けているが、アメリカとも仲が悪い。したがって、エジプトやシリアがイラクのクウェート合併を喜ばないことは予想できたい。

が、アメリカなどの西側諸国とも連帯できないだろうと、フセインが考えたのも不思議ではない。

イラクがクウェートに侵攻し、アメリカが湾岸に派兵するようなことになれば、エジプトやシリアはイラクを非難しつつもアメリカにも非協力、「双方ともに悪い」といった立場に立たざるを得ないと見るのが、むしろ常識だった。ところが実際には、エジプトとシリアは、サウジアラビアなどの湾岸諸国とともにイラク非難の急先鋒に立ったばかりか、いち早くサウジアラビアに軍隊を派遣、多国籍軍の一環を形成した。形のうえでは、米英軍などの共同指揮下には入らず、サウジアラビアのスルタン国防相を長とするアラブ合同軍を編成したが、作戦行動では完全に一体化している。

アラブの中では有力な大国であり、王制でもないエジプトとシリアが反イラク軍事行動に参加したことは、「アラブの大義」を掲げるフセインの立場を悪くした。結局、イラクを積極的に支援したのは、イエーメンとヨルダンとPLOだけ、消極的に同情を示したのがスーダン、リビア、アルジェリアという少数派になってしまった。

第三のソ連の態度は、それ以上にフセインを落胆させたに違いない。戦後の各地の紛争では、つねにアメリカとソ連は対立した。極東でも、インド・パキスタンでも、中南米やアフリカでも、紛争当事者の一方にアメリカが加担すれば、他方にはソ連とその陣営の援助があった。アメリカもソ連も「敵の敵は味方」の論理に徹し、時には自らの主張と正反対の勢力をさえ応援した。

とくにイラクは、古くからソ連と関係が深い。アメリカがイランのパーレビ王制を支援していた一九七二年、イラクはソ連と協定を結び、多くの兵器を購入したばかりか、多数の軍事顧問団を招き、ウムカースル港をソ連海軍の基地に提供していた。一九八六年ごろまでは常時二十五隻から二十八隻のソ連艦隊が、ここを母港の一つとしてインド洋を徘徊していたものだ。イラクがクウェートに侵攻した九〇年八月の段階でも、イラクには三千人以上のソ連軍事顧問団が駐在していた。ソ連にとっては、イラクこそ中東における最大の足場、世界戦略の要だったはずである。

それほどだから、「マルタ以降」の米ソ接近ムードの中でも、ソ連が対イラクでアメリカと共同歩調をとるなどとフセインは予想しなかった。あからさまなイラク支持とまではいかなくとも、平和解決を提唱して軍事行動には拒否権を発動、情報機関を通じてアラブ内解決を宣伝、イラクに時間と人気を集めるぐらいのことはするだろうと読んでいたはずである。

ところが、実際のソ連は、まったくイラクを見捨てて、アメリカとの協調をとった。イラクの非を主張してクウェートからの無条件即時撤退を繰り返したし、対イラク経済制裁に参加、軍事顧問団も引き揚げた。国連では多国籍軍の武力行使決議に賛成した。かつてのソ連の同盟国、チェコスロバキアやハンガリーなどは、多国籍軍に戦闘部隊や輸送部隊まで派遣している。アメリカの同盟国・日本よりもはるかに積極的なのだ。

イラクがほぼ完全な封鎖状態の中で多国籍軍の全面攻撃を浴びる苦境に陥ったのは、サダム・フセインが以上の三つの重大な誤算を犯した結果である。これは要するに、フセインが冷戦終了による世界構造の変化を理解していなかったことから生じた誤算である。

おそらくフセインは、もう一つの意外があったであろう。地上戦開始直前の九〇年二月二十二日にソ連とのあいだで合意した八項目の和平提案が、あっさりアメリカに拒否されたことだ。その後もソ連は、イラクを説得して六項目案、二決議受諾案などを次々に出すが、いずれもアメリカににべもなく拒否された。

「超大国」ソ連の威信をなお信じていたフセインは、アメリカがこれほどまでにソ連の調停を軽くあしらうとは思わなかったに違いない。冷戦の終焉とともに、ソ連は超大国ではなくなっているのである。

つまり、東西冷戦の「世界構造」が消滅してしまった今では、湾岸戦争を世界危機に拡大する導火線が存在しないのである。世界の市場が、湾岸戦争の開戦を「石油売り、株買い」としたのが、そのためなら、アメリカがソ連の調停に乗らなかったのもそれ故である。

2　冷戦構造の消滅と国際秩序の危機

戦後の世界構造と東西国際秩序

世界には、まず国際問題も各国の内政問題をも包含する「世界構造」が存在する。戦後の世界構造は東西対立冷戦構造だった。アメリカを盟主とする資本主義自由経済体制の諸国と、ソ連を核とする社会主義計画経済体制の国々とがあり、そのそれぞれが陣営を形成して対立する、という構造である。

冷戦構造は、国際関係の基本だっただけではない。各国の内政にも重大な影響を及ぼした。多くの国々の政治は、西側アメリカ陣営に属するか、東側ソ連陣営に加わるかをめぐって争われた。

たとえば日本の場合、自由民主党は「自由社会を守る」ことが結党の精神であり、アメリカ陣営に属することを政治目的と主張している。これに対して日本社会党は「社会主義革命をめざす」という綱領を掲げ（一九九〇年四月改正で削除）、ソ連陣営に接近することをめざしていた。敗戦と同時にアメリカ軍の占領下に置かれた日本は、選択の余地なく西側陣営に組み込まれたが、この状況を維持すべきか離脱すべきかが、国内政治でも最大の争点だったのである。一九六〇年の「安保闘争」は、その山場であったといってよい。

日本だけではない、共産党勢力の強いフランスやイタリアでも同様のことはあったし、発展途上国の多くも体制選択の問題をめぐって揺れ動いた。そしてそれには大なり小なり、アメリカとソ連の外交的情報的経済的な援助介入が絡んでいた。東西冷戦構造は、そうした各国内政をも含むユニバーサルな世界構造だったのである。

この世界構造の「下位の仕組み（サブ・システム）」として、東西それぞれに国際秩序が存在した。東側の国際秩序は、軍事的にはワルシャワ条約機構であり、ソ連を盟主として統一指揮下に軍事行動すること

戦後世界構造――「東西対立冷戦構造」

西側の「国際秩序」		東側の「国際秩序」
米国の「核の傘」	軍事	ワルシャワ条約機構
議会制民主主義	政治	制限主権論
GATT・IMF （自由貿易・多角決済）	経済	コメコン体制 （社会主義的分業）

を原則としていた。キューバなどの社会主義国もそれに準じて、ソ連の世界戦略の一環を担ってアフリカのアンゴラなどに出兵したものだ。

東側の政治秩序は、いわゆる「制限主権論」である。東側陣営の諸国は社会主義体制を堅持することを義務づけられ、この枠をはみ出すことがあれば、一九五六年のハンガリーや六八年のチェコスロバキアのように、ワルシャワ条約機構軍の弾圧が行われた。これは後に「ブレジネフ・ドクトリン」と名づけられるが、実際にはスターリン時代から続いてきた東側の基本秩序である。

そして経済的にはコメコン体制、つまり社会主義的国際分業である。ここでは、社会主義の理論に基づく労働価値説的比率によって、各国が分業を行った。したがってコメコンでの貿易価格は国際相場の変動に関係がなく、投入労働力の比率を基礎にして算定され、究極的には通貨決済の不必要な相互均衡貿易を理想としていたのである。

一方、西側の国際秩序は、軍事的にはNATOや日米安保などの軍事同盟によって、アメリカの「核の傘」に入ることだ。ここではアメリカは、原則として「核の傘」を提供することで西側諸国の安全を保障するのであって、それ以上のことを必ずしも確約していない。この戦略は安上がりだったが、欠陥もあった。核報復を発動するほどではない地域紛争や西側同士の争いには無力なことだ。このためアメリカは、インド・パキスタン紛争は抑止できなかったし、ベトナムでは敗退した。一九八二年のフォークランド戦争ではイギリスに対して声援を送っただけである。

西側の政治秩序は議会制民主主義だ。したがって、自由な選挙によって選ばれたのであれば、社会主義政党が政権を獲得したとしても、西側から排除されるとはかぎらない。自由選挙による議会制民主主義が健全に機能しており、次の選挙で別の政権が合法的に誕生する仕組みが健在である限り、西側陣営に留まることができた。またクーデターで軍事政権が誕生した場合も、アメリカはつねに民政移管、議会制復活を要請、その期待のある限り西側の一員として保護し続けた。

経済的には、GATT＝IMF体制、つまり自由市場価格による自由貿易とドルを基軸通貨とする多角決済である。これにもいくつかの特例規定はあったが、原則としては貿易は自由多角的に行うものとし、それによって生じる国際的不均衡は、為替レートの調整とIMF等の融資、先進国からの経済援助などで埋められることが期待されていたのである。

紛争拡大の導火線だった冷戦構造

東西両陣営のコア・メンバーは、それぞれの国際秩序を全面的に受入れた国々である。したがって社会主義体制ではあっても、ワルシャワ条約機構的軍事同盟とコメコン的経済秩序に加わらなかった中国やユーゴスラビアは、東側のコア・メンバーから外れていた。西側の国際秩序は比較的緩やかだったが、本当の意味でのコア・メンバーとなれば軍事・政治・経済の三つの秩序を厳守する国に限られた。今、日本のお米の輸入拡大や日米構造協議が重大問題となっているのは、それが自由貿易＝自由経済体制の実現度を測る象徴、いわば、西側コア・メンバーの資格審査基準となっているからである。

対立する両陣営は、自陣営の勢力を広げ相手側の勢力を弱めようと懸命の努力を続けた。その方法は、まず自陣営の国際秩序に加わる国や地域を広げ、相手側の国や地域を減らすこと、第二に自陣営の周辺的諸国をコア・メンバーに引き込み、相手側のコア・メンバーを周辺に引き出すこと、第三に自陣営コア・メンバーの軍事力と政治的安定と経済的繁栄を確立し、相手側コア・メンバーのそれを弱体化させること、そして最終的には、相手陣営の国際秩序を破壊することだ。

これを実現する手段として、東西双方は軍備の拡充や政治制度へのテコ入れから、経済技術協力、情報宣伝、スパイ合戦やテロ活動まで、あらゆる手段を動員した。いささかでも相手側の勢力と秩序を減殺すると思われるグループには、陰に陽に援助指導することも忘れなかった。対立下にある国際社会では、昔も今も「敵の敵は味方」なのである。

こうした世界構造が存在した状況下では、ごく小さな地域紛争も、世界の危機に発展する危険があった。紛争当事者の一方に米ソいずれかが加担すれば、反対側には他方が援助するのが常だったからだ。朝鮮戦争以来、戦後の地域紛争の多くはこのパターンを歩んだ。アルジェリア独立運動も、ベトナム戦争も、エチオピアやアンゴラの紛争も、エルサルバドルの内戦も、アフガニスタンのゲリラ戦も、すべてそんな経緯を経て長期泥沼化、東西双方に膨大な負担と出血を強要したのである。

その背景には、一九五〇年代末からの軍事技術の変化があったことも見逃せない。なかでも重要なのはロケット砲の普及だ。ロケット砲は、砲弾自身が推進力をもっているので、射程が長い割に発射装置が簡便である。射程十キロメートルの大砲を移動させるには専用牽引車か馬四頭が必要だが、同じ性能のロケット砲なら乗用車でも人間二人の肩でも運べる。

このため、ロケット砲の攻撃を未然に防止することも、発射装置を発見することも難しい。治安良好の東京でさえ、二、三度過激派のロケット弾が発射されたことがある。陸続きの発展途上国なら、この種の兵器を反政府勢力に提供、経済活動と社会生活を混乱させ続けるのはさほど難しくはない。命中精度と射撃の連続性では劣るが、移動性と秘匿性に富んだロケット砲は、実にゲリラ向きの兵器なのだ。

これに対して、国家予算で運営される正規軍の兵器も高度に発達したが、その方向は主として破壊力の巨大化と命中精度の向上だった。つまり、近代兵器は近代兵器の破壊には適しているが、猛烈に費用がかかり補給量が膨大になる。結果としては、ロケット砲と小火器で装備した隠密行動のゲリラ部隊を捕捉殲滅するのにも、膨大な数の兵員と巨額の費用がかかってしまう。

十九世紀の後半に機関銃が普及したことで、民衆の暴動に対する正規軍の優位が確立、それ以降は軍隊の参加なくして武力革命は成功しない、とされていた。ところがロケット砲の発達と低価格化は、この傾向を逆転させた。外国からロケット砲と小火器の供給を受けるゲリラの掃討は、近代化された軍隊のもっとも不得手な分野なのである。

こうした軍事技術上の変化もあって、冷戦構造下での地域紛争や内戦は、つねに長期化の危険を孕み、国際秩序と世界経済の悪化要因となった。そればかりか、最終的には米ソ対決という悪夢を予想させさえした。冷戦構造は、小さな地域紛争を世界危機に引火させる導火線のような形になっていたのである。

ところが、一九八九年十一月に「ベルリンの壁」が崩壊、冷戦構造が消滅したことですべてが変った。その一つの現われが、地域紛争を世界危機に繋ぐ引火線の消滅である。世界の市場が、湾岸戦争を世界危機と受け止めていないのもこのためなら、サダム・フセイン大統領が、プリマコフ氏に語ったといわれる「三つの意外」も、これに基づいている。

3 「フセイン戦略」の破綻

石油人質構想の未遂

サダム・フセインは狂人でも阿呆でもないだろう。イラクの独裁者にもそれなりの戦略と成算があったはずである。フセイン自身が述べたという「三つの意外」を見れば、この男が描いていた戦略構想もほぼ分ってくる。

まず第一にフセインは、アメリカがあれほど迅速かつ大規模に湾岸へ軍隊を派遣するとは思っていなかった。おそらく彼は、クウェートだけではなく、サウジアラビア東岸にも軍を進め、サウジの産油地帯を占領することを考えていたに違いない。クウェート侵略直後のフセインとその側近たちは、それを敢えて隠そうともしなかった。八月十二日まではアッバース王朝（七五〇〜一二五八）に遡る歴史を並べて、「アラブは一つ」を実現すると言っていたのだ。バグダッドを首都としたアッバース王朝は、アラビア半島からエジプトまでを統一していた広域大帝国である。

もし、イラク軍がクウェート占領後、軍の再編成を行い、もう五百キロほど南下して、サウジアラビアのダーラン港まで占領していたとすれば、フセインは石油を人質とした「不敗の態勢」をつくり上げることができたかもしれない。それによってフセインは、世界の石油供給の二五％近くを支配できたからである。

一九九〇年夏の世界の石油情勢は、かなり緊迫したものだった。八〇年代中頃の石油価格の低迷で油田開発は停滞、世界の石油供給余力は一〇％程度にまで下がっていたのである。

大体、石油という商品は、供給余力が二〇％以上になると過剰気味になり値下がりする。逆に一〇％以下になると需給逼迫で値上がりする。安値の続いた一九六〇年代には開発が停滞、第一次石油危機（オイル・ショック）が起った一九七三年には供給余力が五％程度になっていた。第四次中東戦争を契機にアラブ諸国が発動した禁輸措置が、実際には一週間程度しか実行されなかせたのは、需給逼迫状態にあったからだ。

この値上がりによって、七〇年代には北海やメキシコ、アラスカなどでの油田開発が進み、一九七九年には供給余力が一〇%強にまで上がった。このためイラン革命によって起った第二次石油危機への反応はずっと鈍感だったが、事件が長引いたため、二十カ月後には三十四ドルにまで高騰した。現在のドル価値で見れば六十ドルにも当る高値である。

これは明らかに上がりすぎだ。このため石油は儲かる産業となり、メキシコから北極海まで全世界で石油開発が進む。八〇年代初頭には全世界で四万本のリグが稼働したほどである。同時に原子力や天然ガス、石炭などの代替エネルギーも大量に使用されるようになった。その一方では、省エネルギー技術の進歩や世界不況、それに「知価革命」による消費者欲求の変化が加わって、石油需要は減少する。

そうしたことから、八三年ごろからは石油過剰になり価格の暴落がはじまる。一九八六年の底値は十ドルぎりぎり、八一年のピークに比べて実質五分の一である。当然、石油産業は儲からなくなり、油田開発も縮小した。八〇年代中頃には全世界の稼働リグは二万七千本、最盛期の七割以下になってしまった。これでは供給力が低下するのは明らかだ。とくに生産コストの高いアメリカや北極海ではその傾向が強く、供給余力の減少と中東依存の上昇が起る。一九八九年末の世界の石油供給余力は約一〇%、需給逼迫の危険信号が点滅する水準に達していたのである。

石油以外にさしたる輸出品のないアラブ諸国は、石油市況に敏感だ。サダム・フセインも例外ではない。イラクとクウェートの石油生産量は、ＯＰＥＣの調整量によると日量四百六十四万バレル、ほぼ全世界の一〇％である。これだけでは、世界の供給余力とほぼ同じ、それを止めても深刻な石油危機にはならない。欧米や日本には百二十日分内外の備蓄があり、精製流通過程での必要量を差し引いても八十日分程度は食い潰せるからだ。

しかし、イラクがさらに進んでサウジアラビア東岸をも占領し、世界供給量の二五％を支配してしまえば、石油を「人質」として世界と戦える。もし欧米がイラクを経済封鎖すれば、世界はたちまち石油不足に陥り、経済と生活が混乱する。軍事的に取り返そうとしても石油施設を破壊すれば世界中が困る。アメリカもその他の国も手荒なことができないばかりか、イラクの「いい値」で石油を買わなければならなくなる恐れさえある。

もちろん、以上はあくまでも「推察」である。フセイン大統領がそこまでの戦略を構想していたという証拠はないし、実行できる能力をもっていたかどうかも疑わしい。しかし、その後の乱暴な振舞いから見れば十分にあり得ることだ。サッチャー氏がコロラドでいった「彼は止まらないわよ」という言葉も、そのことを危惧した発言であり、アメリカとサウジアラビアの迅速な決断と行動もまた、それを恐れての措置であった。

とにかく、現実にはアメリカの迅速かつ大規模な湾岸への軍事展開で、イラク軍のサウジアラビア侵入は阻止された。クウェートに侵入したイラク軍が、さらに数百キロ南下するためには、部隊の再編成と補給体制の整備および作戦地理の確認などで三週間はかかると見られるから、フセインにサウジアラビア侵攻の意図があったとしても、実現できなかったわけだ。サダム・フセインが、「第一の誤算」にアメリカの迅速で大規模な軍事展開を挙げたのも理解できるだろう。

一極集中作戦が可能になったアメリカ

サダム・フセインを驚かせたのは、アメリカの決断と行動の速さだけではない。動員された軍事力の規模も予想以上だったはずだ。湾岸戦争で中東に展開した二十八カ国の多国籍軍は七十六万人にもなるが、そのうち五十四万人が米軍だった。この規模はベトナム戦争や朝鮮戦争の最盛期よりも大きい。ベトナムではアメリカの空母は最大四隻だったが、湾岸戦争ではイスラエル防衛に当った「フォレスタル」を含めると七隻も動員した。そのうえ、ベトナム戦争時には予備役だった戦艦二隻も派遣されている。陸軍は二個軍団、海兵隊は三個師団、アメリカ軍の常時動員可能戦力の三分の二が湾岸に集中していたことになる。

アメリカが、これほど迅速かつ大規模に軍事動員ができたのは、正しく東西対立の冷戦構造が終焉していたからだ。アメリカは孤立主義を捨てて第二次世界大戦に関与するようになった一九四〇年以来、「つねに二つの地域での戦争に備える」ことを世界戦略の基本としていた。第二次世界大戦ではヨーロッパ戦線と太平洋戦線で同時に戦ったし、朝鮮戦争のときは同時にヨーロッパ正面で厳戒態勢にあった。ベトナム戦争には、十一隻の空母のうち四隻を派遣、他の四隻は別の紛争に備えて待機、残り三隻が訓練と修理に当るという態勢を崩さなかった。ソ連社会主義陣営と対立する世界戦略がある以上、動員可能兵力の半分以上を一地区に集中できなかったのだ。

このため、武力行使を決断することも複雑だった。まず、全世界を見回して警戒すべき地域がどことどこかを考え、次に全戦力の半分以下で短期間に勝利が得られるか否かを予測し、その間の経済的負担と政治的問題に耐えられるかを熟慮する必要があった。

しかし、今回の場合は、ソ連が敢えて事を構える心配がなくなっていたし、社会主義国に繋がる政治軍事勢力が各地で煽動や牽制を行う可能性も低かった。何よりもヨーロッパ正面の防衛主力、陸軍第七軍団と在欧戦術空軍を全面的に転用することが可能であった。

加えて、対ソ戦略のために、レーガン大統領が「強いアメリカ」をめざして整備した大戦力が保存されていたことも、動員の迅速化と経済的負担を軽減するうえで、有利な条件であった。対ソ戦略の軽減した今では、消耗した武器弾薬の補充をさほど急ぐ必要がないのである。極端な言い方をすれば、今回の湾岸戦争は、兵器弾薬に限っていえば「在庫一掃戦争」だ。アメリカが九二年度予算で防衛費を二％強も削減したのも、華々しい戦況報道とは裏腹に、軍事ブームが起らなかったのも、このためである。

要するに、戦後四十年余続いた「世界構造」東西対立の冷戦構造の消滅は、アメリカをして軍事力の一極集中を可能にし、その決断を早め、動員を大規模にしたのである。狂人でもなければ阿呆でもないサダム・フセインが大誤算を犯してしまった最大の原因は、このことを理解していなかった点にある。

アラブ民衆運動の不発

石油人質構想が失敗したとき、サダム・フセインは第二の戦略、アラブ民族運動の総決起を期待した。「アラーの神が夢枕に立って、お前のミサイルは方向が違うと告げた」などと称して、対イスラエル戦争を宣言、アラブ民衆の反イスラエル感情に訴えることで中東諸国を味方、ないしは好意的中立に引き入れようとした。

中東におけるアラブ人とユダヤ人との闘争の歴史は、必ずしも太古の昔から続いているわけではない。むしろ中世から十九世紀までは共存関係にあった。それを悪化させたのは第二次世界大戦後イスラエルが建国され、二百五十万人とも四百万人ともいわれるパレスチナ難民が発生してからである。それ以来すでに四十年余、「歴史」と呼ぶにふさわしい時間がたっている。この間に四度の戦争があったが、アメリカ、イギリスに後押しされたイスラエルに、アラブ諸国は一度も勝てなかった。戦争のたびにイスラエルの領土または占領地が拡大、パレスチナ難民の数は増えた。

ヨーロッパ・キリスト教文明に対して優位を占めた栄光を忘れぬアラブ人の自尊心は大いに傷つき、難民キャンプの貧困は反イスラエル感情を高める苗床となった。そのうえ、一九八九年以降、ソ連からイスラエルへ移住するユダヤ人が増加、一九九〇年には年間十八万人にも達している。このためイスラエルが、一九六八年の第三次中東戦争で得た占領地区（ヨルダン川西岸およびガザ地区）に恒久的な住居や農地を開発しだしたことも、アラブ側の反感を募らせた。

サダム・フセインは、イスラエルと対決することによってアラブ民衆の民族感情を刺激すれば、エジプトやシリアの政府もアメリカなどに協力するわけにはいかなくなり、サウジアラビアなどの王制を「アメリカの傀儡」として孤立させられる、あわよくば、非アラブのイスラム諸国、イランやトルコをも巻き込んだ一大世界抗争に拡大できると期待したのである。対イスラエル闘争宣言に続いて、八年間も死闘を繰り返したイランと、全占領地を返還してまでも協定を結んだのは、そんな思惑からだったに違いない。

このことの効果は、多少はあった。アラブの民衆レベルではイラク支援のデモが起ったし、パレスチナ難民の組織ＰＬＯは次第にイラク寄りの姿勢に移った。パレスチナ人が全居住者の六割を占めるヨルダンは困難な状況に陥り、最終的には国王もイラク支持を鮮明にせざるを得なくなった。世界各地に散在するパレスチナ人等の過激派も、テロ行為でイラクを支援した。

しかし、サダム・フセインの大構想もそこまでだった。サウジアラビアやカタール、オマーン、アラブ首長国連邦などの湾岸諸国はもちろん、共和制のエジプトやシリアも多国籍軍に参加、一向に動揺を示さない。東西冷戦構造が消滅した今では、ソ連などの社会主義勢力による反体制宣伝がないため、多少の民衆運動や民族感情に現体制が慌てることがないのである。

当てのはずれたフセイン大統領は、スカッド・ミサイルをイスラエルに撃ち込み、イスラエルの参戦を誘うことで「イスラエルと戦うアラブの代表」になろうとしたが、イスラエルも冷静に対処した。イラクの後にソ連が付いていない以上、ミサイル攻撃も長期大量には続かないことが分っている。サダム・フセインは、手を尽して紛争拡大の火を放ったが、どこにも火薬庫に繋がるような導火線はなくなっていたのである。

民族主義は今後の世界を考えるうえできわめて重要な要素である。しかし、湾岸戦争のような短期軍事衝突となれば、それだけでは決定的な政治要因にはなり得ない。それはあたかも、太平洋戦争中の東南アジア諸国やインドの民族主義が、一部の日本人が期待したような「反ヨーロッパ戦力」とはなり得なかったのと同じである。

アジア諸国の民族主義者の中には、「独立自由インド軍」を組織したチャンドラ・ボースのように、日本と連携して目的を達成しようとした者もいたが、圧倒的多数は、反ヨーロッパである以上に反日抵抗勢力になってしまった。真の民族主義は、厳格な民族的文化的固有性を主張するため、たとえ同人種であっても他国の支配を憎むのである。

ソ連の「文化的崩壊」で潰えた外交宣伝戦略

サダム・フセイン大統領が「石油人質」戦略と「アラブの大義」構想とを発案したのは、クウェート侵略の半年以上前であったろう。彼の採った外交的手続きと戦争計画にはそれぐらいの準備期間がかかっている。このことは、フセインの戦略構想が冷戦終焉後のソ連の変質を十分確認することなく立てられたことを意味している。

サダム・フセインも、一九八九年十一月の「ベルリンの壁」崩壊によって、冷戦が終焉したことは知っていたはずだ。しかし、それがソ連側の「平和への志向」による妥協の結果なのか、社会主義文化の崩壊による冷戦継続意思の喪失なのか、見極めていなかったのではあるまいか。あるいは、西側諸国には市場経済化を推進する「改革派」寄りの報道が多かったのとは逆に、大量のソ連軍事顧問団を抱えるイラクには軍部保守派からの情報が多かったのかもしれない。

理由はともかく、フセインはソ連になお超大国としての世界戦略、つまりアメリカと対立して東側の国際秩序と権威を守る意思がある、と考えたようだ。そしてそれならば、永年中東におけるソ連の足場を果してきたイラクが、アメリカなどの西側に打倒されるのを妨げる行動に出るに違いない、と期待した。

アメリカとの対立を覚悟して軍事援助をしてくれるとまでは思わなかったにしても、ソ連の誇る世界的社会主義連帯を通じて各国の反戦運動を盛り上げ、アメリカの武力行使を牽制、多国籍軍への参加や基地使用を困難にする情報宣伝活動ぐらいはやってくれると信じていたであろう。ソ連は国連において武力行使の決議に拒否権を使うこともできたし、イラクのクウェートからの部分撤退案を提示することによって反戦ムードを盛り上げることもできたはずだ。いずれもソ連にとっては、さほどコストのかかることではない。

一部には、湾岸戦争がはじまる三日前に、ソ連軍の「リトアニア発砲」があったことから、米ソのあいだに「イラクとリトアニアで取引ができていた」という説もある。一九五六年の「ハンガリー動乱」と英仏の「スエズ出兵」とが時を同じくして起った前例もあるので、この説はある程度の説得力をもつ。しかし、一九五六年の場合には、双方が軍事的には黙認し合ったとしても宣伝合戦は大いにやっていた。そしてそれが、エジプトのナセルを「アラブの英雄」にする一助にもなった。

ところが今回は、ソ連はむしろ積極的にアメリカを支援、イラク制裁に関する十二の国連決議すべてに賛成して、アメリカの武力行使に正義の旗印を与える役割を果してしまった。リトアニアやラトビアでの軍隊行動が、人権問題に敏感なアメリカなどの反感を招くことは十分に予想さってくる。

れたはずだ。それを覚悟で発砲事件を起したとすれば、なおのことイラクに対する冷淡さは際立

ソ連のこれほどまでの冷淡さ、というより敵対的行動こそ、サダム・フセインにとっては最大の誤算であったに違いない。今のソ連にとっては「国内問題」であるリトアニアやグルジアなどに比べると、イラクは取るに足りない「小さな外国」にすぎない。社会主義の理念と理想を失い、統治制度と社会構造としての社会主義文化そのものを喪失したソ連は、世界構造や国際秩序に対して重大な関心をもつような「超大国」ではないのである。

私はこれまでも東側社会主義陣営の崩壊を、単なる経済不振や官僚制度の腐敗ではなく、「社会主義文化の崩壊こそ根本」という見方を披露してきたが、ここでもそれが一段と鮮明になったといえるだろう。

九〇年末からソ連では「保守派」官僚や軍部による巻き返しが顕著になり、ペレストロイカを推進してきた「改革派」の人材が政権から去っているが、これとて、社会主義文化の再建に役立つような動きではない。中央集権的な統治行政機構を維持することによって、官僚機構や軍事官僚の権限と特権を保持しようとする組織本能に発する反動的行動にすぎない。

こうした保守反動勢力の台頭にともなって、湾岸戦争に対する態度も、九〇年末から幾分かは変化したが、それもあくまでもソ連の官僚軍事組織の権限維持欲求からの動きだ。したがって、官僚軍事組織の権限と結束を危うくするほどの行動には出られない。今日のソ連中央にとっては、アメリカによる世界構造の再編成や新国際秩序の形成よりも、国内問題に直結する民族主義

のほうがはるかに重大な「敵」なのである。

官僚機構の抵抗によって市場経済化に挫折したゴルバチョフ大統領は、ソ連を統治していくには官僚機構に乗る以外に道のないことを思い知らされたはずだ。実務と実行の権限を握る巨大な官僚組織に比べれば、頭だけの改革派知識人はまるで無力である。彼らは国民の不満を煽ることはできても、小麦の刈入れも牛肉の輸送もタバコの流通もできなかった。

だが、ゴルバチョフの乗るべき官僚機構も一枚岩ではない。少なくとも経済官僚、内務情報官僚、軍事官僚の三つに分れており、それぞれの利害は一致していない。このうち、永年の軍事協力者イラクに影響力を残したがっているのは軍事官僚と内務官僚の一部らしいが、経済官僚の多くはアメリカとの対立激化を恐れている。この双方を満足させねばならないのでは、ゴルバチョフ大統領の調停も曖昧にならざるを得ない。イラクに勢力を残したい軍事官僚の要求を入れて最初は八項目の、次にはさらにアメリカ寄りの六項目に条件を絞った調停案を提案したが、断固として推進する気迫と覚悟は見られなかった。

それを見抜いているだけに、アメリカのほうは強硬だ。ゴルバチョフ大統領苦心の調停案をにべもなく拒否、時を移さず地上戦に突入した。アメリカは新国際秩序の形成において、ソ連に超大国の地位を与えることをも拒んだのである。

湾岸戦争における調停の失敗、なかんずくアメリカの無視は、ゴルバチョフ大統領の権威を損い、「政敵」のエリツィン・ロシア共和国最高会議議長の人気と権威を高めたが、このエリツィン人気も相対的なものにすぎない。要するに、どの人物もどの組織もソ連全体をまとめ抑える統治能力をもっていない。つまりソ連はまだ、社会主義に代る「文化」を発見していないのである。

フセインの敗戦はソ連型戦術の敗北

戦後四十年余も続いた世界構造、東西冷戦の終焉は、サダム・フセインの戦略を次々と破綻させた。在留外国人の人質から条件つき撤退案までさまざまな手を打つが、マスコミを賑わすスタンドプレー以上のものにはならなかった。

もう一つ、フセインを落胆させたのは、地上戦でもほとんど抵抗らしい抵抗もできなかった軍事的非力だろう。冷戦構造の消滅を見抜けなかったために戦術も誤ったのだ。近代兵器と塹壕に頼ったフセイン戦術では、ロケット砲と小火器によるベトナム戦争型の遊撃戦にはなり得ない。中央集権型のフセイン体制には、ゲリラ戦への適性がなかったのだ。そのうえ、この独裁者が頼ったソ連製の兵器と戦術は、アメリカ軍に対抗するほどの性能と柔軟性をもっていなかった。大量の兵員を動員して、一部隊一機能の戦術に徹するソ連方式は、あまりにも工業社会的であり、中央集権的である。このため、多国籍軍の爆撃で通信輸送が断ち切られたとき、イラク軍は臨機の対応ができなかった。

つまり、フセインの敗退は、ソ連型戦術の敗北でもあったのだ。したがって、ソ連軍部の権威もまた、大いに傷ついた。ソ連は経済と政治体制だけではなく、軍事機構の再編成をも急がなければならないわけである。

しかし、湾岸戦争で圧勝したアメリカの軍事力も、必ずしも万能を証明したわけではない。湾岸戦争での勝利は、第二次世界大戦後、超大国の近代的軍事力の有用性が示された最初の例には違いない。アメリカ軍は、朝鮮戦争では中国軍の人海戦術を元の位置まで押し返しただけだし、ベトナムではベトコンのゲリラ戦術に敗退した。ソ連軍もアフガニスタンで勝てなかった。それだけに、四十五年ぶりの勝利にアメリカ人が酔い痴れるのも不思議ではない。だが、アメリカ軍を中心とする多国籍軍が圧勝した相手もまた、ソ連製のミサイルやT72戦車を装備した近代的軍事力だったことを忘れてはならない。

湾岸戦争で証明されたことは、近代的軍事力同士が衝突した場合、より高度でより巨大なほうが勝つ、という当り前の事実であって、一九九〇年代における近代的軍事力の一般的有用性ではない。

このことは、さまざまな形で起るであろう今後の地域紛争や内戦を考える場合に、きわめて重要な意味をもっている。冷戦後の世界構造と国際秩序の形成に当って、軍事秩序の面での不安が解消したわけではないのである。

第三章

新世界構造の模索

冷戦は終った。そのことを湾岸戦争が一段と明確にした。つまり、戦後四十年余も続いた「東西対立冷戦構造」の世界構造は消滅したのである。

しかし、それに代る新しい世界構造はまだ見えていない。現在のところ、冷戦の勝者たる西側の国際秩序を全世界に拡大し純粋化しようというアメリカの提案と、「共同体（エリア）と地域（リージョン）との二重の文化圏からなる新しい世界」をめざすドイツの提案とが併存している形である。湾岸戦争は、前者に基づく国際秩序の軍事面を一歩現実に近づけたかに見える。だが、ソ連とユーゴスラビアで起っている事態は、後者がより現実的な印象を与えるものでもある。

はたして、このいずれが実現するのか、その中間または混合が成り立つのか、あるいは別の現実が表われるのか、いずれにしろ九〇年代にはその決着を見ることになるだろう。

1　ブッシュの夢と焦り

西側体制の世界化をめざすアメリカ

イラクのサダム・フセインは、世界構造の変化を見極めることができずに敗北したが、それでは、勝利者の西側諸国、なかでもその盟主たるアメリカは万万歳かというと、実はそうでもない。

ブッシュ大統領も、新たな国際秩序の形成者となる夢と、混乱する世界を一国で背負い込む負担の重さとに戸惑い焦っているはずである。

前述のように、世界にはまず各国内外を包含しての「世界構造」がある。戦後のそれは自由主義国と社会主義国とが対立する冷戦構造であった。そしてそのサブ・システムとして、東西それぞれの国際秩序があった。東側のそれは、軍事面でのワルシャワ条約機構、政治面での制限主権、経済面でのコメコン体制であり、西側のそれは、軍事面における「核の傘」、政治面における議会制民主主義、経済面でのGATT＝IMF体制であった。日本では、経済面での国際秩序GATT＝IMF体制ばかりが強調され、あたかもこれが万古不易の国際的正義のように信じられがちだが、それも実は東西冷戦という世界構造のサブ・システムとしての西側の国際秩序の一部（経済秩序）にすぎない。

全体の変化は部分をも変える。全体構造たる冷戦構造の消滅は、東西の国際秩序をも変化させる。まず冷戦に敗れた東側の国際秩序はたちまちにして霧散してしまった。ワルシャワ条約機構は、九一年四月で事実上解散。制限主権は、東欧諸国でもモンゴルでも通用しなくなり、ソ連邦内の共和国・リトアニアやグルジアにさえも適用できるかどうかが怪しい。コメコン体制も完全に破綻、東欧諸国もドル決済を求めはじめている。東側の国際秩序に従ってきた国々は、社会主義体制の堅持を叫んでいるキューバなども含めて、今、あらゆる危機と苦難に直面している。

冷戦の「勝利者」となった西側も、国際秩序の変更という深刻な問題に直面していることは変りがない。西側の盟主であったアメリカの発想は、この点に関して至って単純だ。一言にしていえば、「勝利者の秩序を全世界に適用する」ことである。

そのためにまず、政治的には議会制民主主義が全世界の国々で実行されることを期待している。東ヨーロッパ諸国が自由選挙によって選ばれた政権によって運営されることを歓迎し、そうなった国には最恵国待遇と経済援助を与える方針だ。発展途上国に対しても同様で、フィリピンのアキノ政権やニカラグアのチョモロ政権を支援する一方、パナマのノリエガを実力で逮捕し、ミャンマーの軍事政権には冷淡である。「民主的要求」を天安門事件で武力弾圧したと見られる中国には、経済関係を中断したし、ソ連邦の中の共和国に対してすら、「民主的」に選出されたと思われるリトアニアやラトビアの民族主義政権を声援している。

冷戦の勝利によって議会制民主主義の優位が実証できたと感じているアメリカが、この「優れた政治制度」を全世界に広げたいと思うのは自然な心理だが、そのために支払わねばならない政治的負担と経済コストは決して小さくない。これまでもアメリカは、議会制民主主義の普及に努めてきたが、それはあくまでも東西対立の冷戦構造下での話だった。したがってそこにはつねに「冷戦に勝つために必要な妥協」が用意されていた。「より悪しき敵」ソ連型社会主義の拡大を防止するためなら、南米の軍事政権にも中東の絶対王制にも惑うことなく援助できた。

ところが冷戦構造が消滅したとなれば「敵の敵は味方」の論理が成り立たない。これからのアメリカは、議会制民主主義以外の体制の外国政権を支持する場合には、「アメリカの利権のため」という醜悪な素顔を曝さざるを得ない。それがこの国の国論の分裂を招くことが想像できる。

また逆に、あくまでも国際秩序の純粋性を保とうとすれば、各地の軍事政権や絶対王制との関係が冷却し、軍事経済力の衰退は避けられまい。一九七〇年代の東西デタント期にカーター大統領の採った建前主義的人権外交でさえも、アメリカの国論分裂と軍事経済力の低下を招いたのは周知のとおりである。

自由経済体制の強要

次に経済面でもアメリカは、西側の国際秩序、つまり自由貿易と多角決済の世界的拡大と一層の純粋化をめざしている。それは単に東欧諸国にＩＭＦ加盟を促したり、最恵国待遇を与えたりするだけではない。より重要なことは、西側の国々、とくに日本に対して自由経済体制を要求することだ。

真の意味での自由貿易は、自由経済体制の国のあいだでしか成り立たない。理論的にもそうだし歴史的事実としてもそうである。ただ、戦後の西側の国際秩序・ＧＡＴＴ＝ＩＭＦ体制は、終戦直後のアメリカ優位の状況を反映して、いくつかの例外規定を設けている。

その第一は、発展途上国に対して全般的保護貿易と経済開発のための政府主導体制を認めること。その第二は、先進国にも特定の「幼稚産業」や「社会的問題」を例外として認めることである。ここで「幼稚産業」とはアメリカに比べて立ち遅れたヨーロッパや日本の高度技術産業を指し、「社会的例外」とは主として農業を指すものと理解されていた。

第三には、国際収支の不均衡に対して為替レートの変更による調整を認めることであり、第四にはＩＭＦ融資などによるバッファーをつくったことである。そして第五に、これらによっても修正し得ない不均衡を是正するものとして経済援助を行うことであった。第二次世界大戦直後のアメリカは、これだけの手法によって、やがて世界に均衡ある自由多角貿易が育つと考えていたのである。

幸か不幸か、発展途上国の大部分は、それほどに産業経済が発展しなかったので、第一の例外規定が世界の自由貿易を脅かすことは少なかった。これが重大な問題になりだすのは、一九八〇年代に入ってアジアの新興工業地域（ＮＩＥＳ）が台頭したときである。

第二の例外規定に関しては、とくに日本の「幼稚産業」が急成長したことで、アメリカやヨーロッパの同業種が打撃を受けるという問題が続出した。これに対しては、主として二国間協議による貿易自由化の推進や輸出自主規制の実施で、何とかしのいできた。今や二国間協議による輸入制限や輸出自主規制の対象品目は、全世界貿易の三割を超えている。農業問題についても、アメリカ国内での生産調整や補助政策で「非自由の均衡」を取ることで切り抜けていた。冷戦構造という世界構造が存在する限り、日本を敵側に追いやることも、ヨーロッパの農村を混乱させることも、好ましくないと判断したからである。

ところが、一九九〇年代に入って冷戦構造の消滅が明白になると、そうした配慮は不要であるばかりか、西側秩序の世界的拡大には有害であることが明白になった。このためアメリカは、日本に対して、より純粋な自由経済体制となることを要求する「日米構造協議」を行うとともに、ＧＡＴＴのウルグアイ・ラウンドにおいて、農業に関する保護と補助を一斉に低減するよう提唱した。

農業問題では、西欧諸国も総論的には賛成したが、各論では容易に合意に達しない。ヨーロッパの農業政策はEC共通政策の合意だけでも苦労してきたうえ、東ドイツの吸収などで殊のほか複雑になっているのだ。しかし、それ以上にアメリカを苛立たせているのは日本だ。

日本は冷戦構造の消滅についても、それによる世界構造の変化や国際秩序の再編成に関しても、理解どころか関心すら示していない。それ以上に、現在の日本の体制が自由経済体制ではなく、啓蒙主義思想に立脚した官僚主導の業界協調体制（官導体制）であることを、日本自身が理解していない。このため、日米構造協議におけるアメリカ側の要求も、国際秩序に関わる体制問題とは考えず、日米間の経済利害の調整としてしか捉えようとはしないのである。

ゴルフ・クラブで日の丸弁当を食う日本

私は、このような日本の姿勢を「ゴルフ・クラブで日の丸弁当を食うようなもの」と例えたことがある。

終戦直後の日本は、きわめて貧しい敗戦国であり、国際社会でゴルフ・クラブに入れるような立場ではなかった。その日本が一九六四年にOECDに加盟、西側ゴルフ・クラブのメンバーとなった。いうまでもなくこのクラブのルール（西側国際秩序）は、アメリカを中心とする西側先進国がつくったものだ。これに加盟できたことを日本は歓び、熱心に通ったが、ゴルフの上達に熱中するあまり、クラブの雰囲気や社交には無関心、日の丸弁当持参で通い続けていた。旧来のメンバーは「変った奴」とは思ったが、まだ所得も低いしゴルフも下手だったから大目に見ていた。

ところがその日本が、たちまちにして所得が向上、ゴルフも上達、一九八〇年代になると大型リムジンで乗りつけ、クラブハウスのど真ん中でふんぞり返って日の丸弁当を広げる。そうなるとメンバーからも「あいつには注意したほうがよい」という声が出た。それを代表してアメリカ理事長が、「日本君よ、君も金持ちになったしゴルフの腕も上がったから、そろそろその日の丸弁当をやめて、みんなと一緒にクラブハウスの洋食を食えよ」と言いだした。

しかし、言われた日本はその理由が分らない。日本の考えでは日の丸弁当は口に合っているし、値段も安い。何より十五分でかき込んですぐコースに出られる。そのせいで日本は一日二ラウンドずつコースを回り、今やシングル・プレーヤーだ。それに比べてアメリカやヨーロッパの連中は前菜からデザートまでゆっくり洋食を食っているから一日一ラウンド、ゴルフ歴は長いのに未だにハンディ一八とか二〇とかだ。日本から見れば「君たちこそ洋食をやめて日の丸弁当にしろよ」と言いたいところである。日本型の産業政策と日本式経営を採用しろというわけだ。

しかし、この意見はまったく通らなかった。みんな「われわれはゴルフを楽しむためにやっているのだ。プロになって稼ぐつもりもないから、食事の時間も惜しんで猛練習なんてとんでもない」と言う。追い付け追い抜けでやってきた日本人には負け惜しみとしか思えぬ返答である。

そんな日本にとっては、アメリカ理事長の注意も腑に落ちない。それでもアメリカ理事長には世話にもなっているので、なぜあんなことを言い出したのかと考えた。思い当ったのは日本が弁当持参ではクラブハウスの食堂の売り上げが伸びないということだ。次にアメリカ理事長に会ったとき、日本は胸を張って宣言した。「そんなにクラブの経営が難しいのなら、俺が特別会費として月に五万円出してやろう。それなら弁当を食っても文句ないだろう」と。日本のＯＤＡ増額や割当制によるアメリカ肉輸入確保の議論がそれである。

だが、この日本の発言はアメリカを怒らせただけだった。「われわれはクラブの雰囲気、いわば文化のことを問題にしている。銭金ではない」と言うのである。しかし、何事も経済としか考えない日本は、それもまた「五万円では少ないらしい。いろいろと建前を並べて吊り上げやがる」としか受け止めない。

これでは、日本が「歓迎されざるメンバー」になるのは当然だ。それでもまだ退会勧告まではいかなかったのは、隣りに「東側ゴルフ・クラブ」があったからだ。とにかくその「東側クラブ」と「西側クラブ」は仲が悪い。あまり厳しく言って日本に東側へ転向されては困るのである。

ところが、一九九〇年に至って「東側クラブ」は倒産、メンバーの半分が脱会、用地の一部を西側に買ってくれと言い出した。もう日本が転向する心配はない。アメリカ理事長が高姿勢になった。断固として日本に「日の丸弁当（官導体制）をやめるか、西側クラブ（自由貿易圏）から脱会するか」と迫ってきた。

驚いた日本は、ここではじめて「クラブに置いてもらうにはどうすればよいのか」と頼み込んだ。それに対してヨーロッパ諸国、とくにフランスやイタリアは至極冷淡だったが、アメリカだけは「そういうのなら、これこれこれだけを変えれば、メンバーとして認められる」と教えてくれた。それが一九九〇年の日米構造協議である。

しかし、日本自身はまだ、事の本質を理解したわけではない。せいぜい上品に見えるように日の丸弁当を塗りの重箱に代え、コースに出るときの鉢巻きをブランド品のシルク・スカーフにする程度のことしか思いついていない。日本はゴルフ・クラブに通うのは、あくまでもゴルフが上達するためだと信じて疑っていないからである。この国には、ゴルフ・クラブの雰囲気を守る責任の一端が自分自身にもあるという自覚がないのだ。

したがって、このゴルフ・クラブにサダム・フセインという乱入者が現われた時も、協力して取り押えようという気持にはならない。せいぜい乱入者の取り押えに駆けつけたメンバーの交通費を分担し、荒らされた室内の跡片付けに参加するべきかどうかを議論している程度だ。倒産した「東側クラブ」にも「西側クラブ」のルールと雰囲気を広めようと考えているアメリカ理事長にとっては、何とも苛立たしいメンバーなのである。

「核の傘」に代る軍事秩序

しかし、経済の面での西側国際秩序の維持拡大が困難だとしても、その基本形態が定まっている点では、まだしも見通しがある。もう一つの国際秩序、軍事面になると、それすらないのだから始末が悪い。前述のように、戦後の世界構造の中で西側の軍事国際秩序は、アメリカが「核の傘」を広げることであった。この政策は効率的（いわば安上がり）だったが、東西対立の中で東側による大規模侵略を抑止することを目的としたものだったから、小さな地域紛争の解決には有効性をもたない。したがって、東西冷戦構造が消滅した今となっては、世界に広げるべき新国際秩序の基本とはなり得ない。

冷戦の「勝利者」アメリカは、一九八九年のうちにそれに気づき、新しい軍事秩序のあり方を模索しだした。そこで打ち出されたのは「武力によって国境を変更する者は侵略者として国際社会が武力で制裁する」という構想である。

冷戦構造では、東西対立に関わりのない国境変更には、アメリカは比較的寛大だった。インド・パキスタン紛争にも、四次の中東戦争にも、リビアのチャド侵入にも、アメリカは介入していない。したがってこの発想を実現するとなれば、軍事国際秩序の大転換を伴わなければならない。イラクが繰り返し主張した「イスラエルが一九六七年の第三次中東戦争で行った国境の変更（軍事占領）は黙認しながら、イラクのクウェート侵攻だけを非難するのはおかしい」という議論は、アメリカの国際軍事秩序に関する発想の転換を衝いたものである。

もし、世界各地で武力による国境変更の試みが多発するようなことになれば、それに対応する軍事力の整備と行使だけでも、「核の傘」の何倍もの費用と人員が必要であろう。それをアメリカ一国が支出し動員するのは重すぎる。冷戦の勝利によってアメリカの権威は高まったが、この間の支出と人材動員で、経済力は低下しているのである。だが、ここで何よりも重要なことは、アメリカだけでやったのでは、「住民に支持されない警官」になってしまう点だ。

このことに気づいたアメリカは、西側諸国が軍事力と軍事費を分担して対処する方法を考え出した。「新デロス同盟」ともいうべきこの計画が、非公式ながら世界に表明された最初は、私の知る限り一九九〇年はじめである。このときの例示は何とインド洋におけるインドの脅威だった。このところインドは、なぜか猛烈な勢いで武器を購入、強力な空軍力を備えつつある。一九八六年から八九年のインドの武器輸入額は百七十億ドル余、あのイラクよりもずっと多い。もちろん、アメリカもインドの軍事力を本気で脅威と考えていたわけではなく、遠い将来のための「例え話」として出してみただけだろう。だが、それが九〇年八月には、イラクによるクウェート侵略によってにわかに現実の問題となったわけである。

繰り返していうが、西側諸国の軍事力の動員と戦費分担によって多国籍軍を構成し、武力による国境変更を企てる「侵略者」を制裁するという発想は、イラクのクウェート侵略によってにわかにつくられたものではない。冷戦構造後の国際秩序の軍事的側面として、それ以前から練られていた計画なのである。

だからこそアメリカは、多国籍軍を国連軍にすることには消極的だった。それはあくまでも新しい覇事国際秩序を守る「世界警察」でなければならない。そしてその軍は、今後の侵略多発を防止するためにも、「侵略者」イラクに「一罰百戒」の教訓を与えなければならない。同時に、同様のことが繰り返された場合には、直ちに同じような武力行使を世論の抵抗なく行えるためにも、多国籍軍側の人的損失が少なく費用負担が公平でなければならない。特定の国民があまりに多くの出血と出費を強いられるようであれば、たとえ勝っても同じことが繰り返せなくなり、新国際秩序の形成にはなり得ないからである。

そのことを考えれば、現在のブッシュ大統領の立場は、決して気楽なものではない。アメリカ軍を中心とする多国籍軍は、サダム・フセインを軍事的に破滅させることに成功した。しかし、あまり時間と費用をかけたのでは、次に小さな侵略があったときには、各国が兵力と費用の提供を拒んでしまうだろう。ブッシュ大統領のめざす新国際秩序の形成のためには、世界各国が「侵略者には武力制裁を加える」ことの利益を十分に納得する形で勝たなければならない。湾岸戦争は、その要求を満たす形で戦われ、満足すべき結果を得た。だがそれは、特定の条件での特定の敵に対する勝利である。これが新国際秩序として定着するのには、まだ何度かの試行錯誤が必要だろう。

ブッシュ大統領は、第一次世界大戦後のウィルソン大統領、第二次世界大戦後のルーズベルト大統領に続く、第三の国際秩序形成者を夢見る一方で、自分がつくり出そうとしている国際秩序の恐ろしさにも薄々ながら気づきだしているに違いない。世界各国からの兵力と資金の拠出によって、アメリカが「世界の警察」を務めるという役割は、決して愛される立場ではない。さりとて、多くの国々が、いつも迅速かつ十分に、兵力と資金を出すとも限らない。強くて憎々しい「悪役」のいない世界はやり難いのである。

2　もう一つの「世界構造」案

「共同体（エリア）」と「地域（リージョン）」の二重文化圏——ドイツの静かな提案

冷戦後の世界構造に関しては、以上のようなアメリカの提案とはまったく別の発想が、ヨーロッパ、とくにドイツから出されていることを見逃してはならない。それを一言にしていえば「共同体（エリア）と地域（リージョン）の二重の文化圏によって構成される世界」ともいうべきものである。

この発想は、いうまでもなくヨーロッパ（EC）の統合から出発したものだが、冷戦構造の消滅によって急激に実現性を帯びてきた。ドイツは今、意識的無意識的に、その実現に向って行動しているように見える。

もともと旧西ドイツは「ポスト近代国家（モダンネーション）」または「ポスト民族国家（ナショナルネーション）」といわれるほどに中央政府の権限が弱く、地方自治体である州（ラント）政府の権限が強い国だった。

ヨーロッパの近代国家は、中世的な地域自治、地方分権を抑圧して中央政府に従属させることで、多人口広領土の統一を確立したものだ。連邦制から出発したアメリカも、帝政ロシアの植民地を組み込んだソ連も、思想的共通理念を掲げて、多民族性を克服、強い中央政府を確立することで「超大国」に発展した。

ところが、戦後の西ドイツは地方自治体の権限の強い連邦制を採用したばかりか、第一次世界大戦前のドイツ帝国や第二次世界大戦を引き起したナチス・ドイツへの反省または嫌気から、中央政府（連邦政府）の統制権力を毛嫌いする傾向が強かった。

たとえば教育に関しては連邦制度に文部省や教育大臣を置かず、各州に委ねることになっている。経済の面でも自由市場経済を徹底、連邦政府の規格制定や行政指導は少ない。ドイツの各州や自治都市は、中世以来の独立国や自由都市の伝統を引き、それぞれに独自の文化をもっている。この点では、同じ敗戦国でも戦後、中央集権型の官僚主導体制をますます強化した日本とはまことに対照的である。

その一方で、西ドイツはヨーロッパの統合を積極的に推進、一九五八年に発足したEEC（ヨーロッパ経済共同体）をEC（ヨーロッパ共同体）に発展させる中心的な役割を果してきた。単なる経済統合ではなく、フランスの主張した政治統合でもなく、文化圏としてのヨーロッパ統合をめざしたのである。

来年（一九九二年）には、ヨーロッパ十二カ国の市場統合は完成、モノ、カネ、ヒト、情報のEC域内移動は完全に自由になる。モノ（貿易）、カネ（金融）だけではなく、ヒトと情報の移動が自由になるとすれば当然、共通の文化圏が形成される。今、ECが急いでいる商品や施設の規格規準の統一とその運用マニュアルの共通化も、文化的共通性を高めるだろう。おそらく一九九〇年代のうちには、EC十二カ国での税制と福祉政策の接近も行われるに違いない。この過程では、さらに細やかな倫理観と美意識の調整が必要になることだろう。

こうしたECの統合は、ヨーロッパ諸国間の国境を低くし、いわゆるボーダレス・ソサエティーを生むが、同時に従来の国境内での文化的共通性を緩めることにもなる。中央政府の統制と指導でまとめられていた文化的共通性が失われるからだ。ドイツの提案のもう一つの面は、そうした小地域（リージョン）ごとの文化的差異を認め、従来の国境にとらわれずに地域文化圏を形成していく、という点にある。つまり、西ドイツがそうであったように、全ヨーロッパ（EC）をかなりの自立性をもった伝統ある地域文化圏の集合体として考えようというわけだ。

多数の民族が入り交じり、いくつかの王家の争いと婚姻によって国境がつくられてきたヨーロッパでは、住民の生活文化の共通圏と国境線とは必ずしも一致しない。そのことがしばしば戦争や内乱の原因になってきた。ECの統合によって国境線の障壁が低くなれば、より自然な民衆の生活文化による文化圏の形成を認め、それにかなりの自治自立の権限を与えてもよいのではないか、という発想には、ヨーロッパの現実に即した説得力があるだろう。

このことを西ドイツのコール首相は、言葉ではなく実行において劇的に提案した。東ドイツとの統一に当って、東ドイツという「国」と統一するのではなく、東ドイツの五つの州を、それぞれに西ドイツに吸収するのだ、という方式を打ち出したことである。

この行動は、すでにはじまっていた地域文化圏形成の動きを加速した。たとえば、スペインでは北西部のバスクや東部のカタロニアが自立した文化圏への動きを速めている。カタロニアの中心都市バルセロナなどではスペイン語よりもカタロン語のほうが公的表記で大きくなりだしている。ライン川の上流、ドイツのシュバルトバルトとフランスのアルザスとの地域文化圏形成も進み、それを前提とした教育提携や施設投資もはじまっている。なかでも影響の大きいのは、イタリア北西部とオーストリアのチロル、およびユーゴスラビア連邦内のスロベニア、クロアチア両共和国を含む「アルペン・アドリア文化圏」の形成だろう。ここでは、スロベニアとクロアチアが独立を宣言、ユーゴスラビアは連邦解体の危機に瀕しているほどである。

遠くない将来にEC加盟が予想されるポーランドやチェコスロバキア、ハンガリーでも、同じ動きがある。チェコスロバキアでは、チェコとスロバキアとが区分されつつあるし、ハンガリーでは作家コンラドの提唱する「ドナウ沿岸都市連合構想」が現実的な話として語られるようになっている。

こうした動きは、ヨーロッパだけではない。北米大陸でも、一九九五年をめざしてカナダとアメリカとメキシコの市場統合が進められている。これが完成すれば、北米もまた一つの「共同体（エリア）」となり、急速に共通の文化圏を形成することになるだろう。そしてその場合、北米大陸にもいくつかの地域文化（リージョン）圏が生れるに違いない。

カナダではフランス人の多いケベック州の独立運動がある反面、オンタリオ州ではアメリカの中西部との結びつきが深まっている。太平洋岸のバンクーバーにはシアトルやポートランドとの一体感がある。逆にカリフォルニア南部やニューメキシコには、メキシコ系の住民が増加、国境をまたいだ工場なども増えている。アメリカは人種混合社会の形成に成功した国だが、その色合いは地域によってかなりの隔りがある。そのそれぞれが独自の地域文化圏をもつことも、決して無理ではないだろう。

もともとアメリカには、北米だけではなく、南米諸国をも含めた全米州共同市場の大構想があった。しかし、実際には前述の三カ国による北米共同市場が進展する一方、一九九一年四月には、ブラジル、アルゼンチン、ウルグアイ、パラグアイの四カ国の共同市場協定が締結された。カナダやアメリカとは、経済的文化的な格差があまりにも大きな南米諸国は、一挙に全米州の共同体結成を危惧したのであろう。

生れたばかりの南米共同市場が完成できるかどうか、まだ予断を許さぬものはあるが、共通文化圏としてのまとまりを求める雰囲気が西半球にも広まっていることは確かだろう。

戦争と関税がなければ領土問題は消える

そもそも、近代国家が多数の人口と広大な領土を求めてきた理由は三つあった。第一は軍事防衛の必要であり、第二は規格大量生産工業の市場確保であり、第三は非常時における資源食糧の自給である。

まず、十九世紀初期のナポレオン戦争以来、軍事攻撃力の射程距離と機動力が向上するにしたがって、国土を守るためには防衛線を遠くに深く構築する必要が生じた。近代国家ができるだけ領土を広げたがった理由の第一は、防衛線を遠くに敷き、縦深型に構築する空間的余裕を確保するためだった。同時に膨大な数の兵員と巨額の費用を要する近代的軍事力を維持するためには、多数の人口と強い財政力も欠かせない。領土を広げれば、人口と生産力が増え、兵力と財政基盤が強化されることはいうまでもない。

第二に、規格大量生産を旨とする近代工業の育成発達のためには、同一規格品が大量に販売できる統一大市場が必要である。それには、地域ごとに異なる伝統的規格や慣習を排除して、統一の規格品を流通させる国家権力の行き届いた広い領地が不可欠だ。このため十九世紀から二十世紀にかけてのヨーロッパ諸国は、自国の領地を広げるとともに、世界各地に植民地を獲得、それぞれの市場圏を競い合ったものだ。とくに民族的統一が遅れていたドイツは、十九世紀後半にまず「ドイツ関税同盟」を結成して広域市場圏を形成、次いで政治統合（ドイツ帝国）を完成して統一規格を完成させた。

第三には、発展する工業の原材料と増加する人口の食糧確保が問題となった。これが自国の政治権益の内部で自給できなければ、経済封鎖や輸出関税によって国民生活の不安と産業活動の不利が生じたからである。この思想は十九世紀から二十世紀前半の資源食糧不足時代には強く、やがては地政学上の「生存圏（レーベンス・ラウム）」の理論にまで発展する。ナチス・ドイツの領土拡大主義の理論的背景もこれであった。今日の日本で一部の人々が主張している「食糧安全保障」は、これの非理性的改造版である。自由貿易・多角決済の経済国際秩序をめざすGATTが、日本の主張に嫌悪感を示すのも当然だろう。

しかし、ECの統合と冷戦構造の消滅は、以上のような近代国家の領土拡張・人口増大主義を根底から崩した。まず冷戦構造の消滅によって西ヨーロッパ諸国が直接の軍事攻撃に曝される可能性が著しく低下、各国それぞれが防衛線をより遠くより深く敷く意味は薄れてしまった。同時に、兵員の数とそれを支える財政力も統合されていなければならない理由も希薄になった。ヨーロッパにおいて大軍が戦闘を交えることは想定し難いばかりか、万が一にもそれが起れば、今日規模の国家では防衛が不可能である。

第二にＥＣの統合によって国境に関わりなく共通大市場が形成されるとなれば、それぞれの国の領土や人口の大きさは産業の有利不利には関係がない。日本からヨーロッパに進出する企業は、オランダやベルギーに立地しても、フランスやドイツにあっても、市場環境としてはさほどの違いはないのである。

第三の資源食糧の確保も同様の理由で重要性を失った。現在においてもっとも重要かつ緊急な資源である石油は、特定の産油国以外自給ができない。そしてその石油がなければ、農業も工業も輸送もできない。したがってごく少数の国々を除いては、多少の領土拡大をしてみても、貿易に頼らずに資源と食糧を自給することは不可能である。加えて先進国では人口が増加せず、新たな農地を拓く必要もない。

要するに近代国家が統合を進めてきた主要な動機が、今ではさほど価値のないものになってしまったわけである。このような条件は、北米共通市場を形成しつつある北アメリカにも当てはまる。そうだとすればこれからの国家、すなわち共通行政圏の存在意義を何に求めるべきかは、重大で深刻な問題になるだろう。「共同体と地域の二重の文化圏で構成される世界」というドイツの提案は、それを濃淡二重の文化的共通性に求めることによって、従来の近代国家的発想を超越しようというものだ。

それだけに、これが実現するためには、人々の国家観が大きく変化する必要がある。したがってまた、国家権力に依存する官僚機構や軍事組織からの抵抗も受けるだろう。

もう一つの重大問題は、「文化圏としての共同体」が形成されれば、他の文化圏との相克が激化する恐れである。つまりヨーロッパ・ブロック化の危機がある点だ。

東欧諸国の一部を含めたECと、アメリカ、カナダ、メキシコにまたがる北米とが、それぞれに「文化圏としての共同体」を形成すれば、必然的に異文化圏に対する冷淡と無理解を広め、東西、南北の隔離を強める可能性が十分にある。その意味では、この発想の中には、アメリカの考える「西側の国際秩序を広げた一つの世界」以上に危険な要素も含まれているといわざるを得ない。

だが、より重要なことは、このドイツの提案が、「西側の国際秩序を広げた一つの世界」を想定するアメリカ案に対する「対抗案」となっていることだ。先の湾岸戦争において、新しい軍事国際秩序が形成されつつある現段階では、このような現実性をもつ「対抗案」の存在は、アメリカやイギリスにとっては歓迎すべきことではない。

湾岸戦争に対して、ドイツは七十五億ドルほどの資金と少数の防空部隊を提供した。人口や国民総生産から見れば日本よりも高い貢献度である。旧東ドイツ地域の復興や東欧・ソ連への援助に膨大な資金が必要なこと、東欧からの難民流入などを考えると負担感は日本より格段に大きいだろう。

それにもかかわらず、湾岸支援決定の遅さや国内での反戦デモの発生もあって、アメリカ、イギリスでの評判はきわめて悪い。イラクへの武器輸出では、フランスのほうがはるかに多かったことはよく知られているはずなのに、ことさらにドイツ企業の関与が大きく報道されている。イギリスの新聞などは、「湾岸への対応のもたつきによって、ドイツは世界の主要国としての立場と権威を失った」と、嬉しそうに書いている。

そうした一連の「ドイツ叩き」の背景には、この国が進めている世界構造の「対抗策」に対するアングロサクソン側の警戒心も作用しているのではないだろうか。

「連邦」から「共同体」へ流れるソ連

しかし、それ以上に深刻な影響を受けているのは旧社会主義圏、とりわけソ連とユーゴスラビアである。

もともとこの両国は、きわめて人工的な国家だ。ソ連は、近代国家群の中でも独特の発展過程を経てきた。この国をつくり上げたレーニンは、帝政ロシアが無限の膨張意欲で拡大した多民族領域に、民族性と宗教性を否定する唯物論的人間観に基づく社会主義思想の国家権力を打ち立てた。レーニンはこれを「万国共通のプロレタリアート独裁の政権」と定義したのである。

それ故、「ソヴィエト社会主義共和国連邦」という国名には、民族の名も地名も含まれていない。レーニンは、社会主義の理念と文化を信奉する世界中のあらゆる民族あらゆる地域が、この連邦に加盟し得るとした。ここで諸民族に許されるのは、地方的な自治だけである。ソ連邦を構成する十五の「共和国」の実態はそれである。

しかし、この考え方はレーニンの死後、資本主義諸国との摩擦や第二次世界大戦を通じて大きく変化し、次第に愛国的ロシア民族思想が強まってくる。オペラ「イゴール大公」や映画「アレキサンダー・ネフスキー」がもてはやされ、「ロミエト・ジュリエット」をプーシキンの原作というようなロシア民族優越史観が生れてくる。第二次世界大戦後のソ連は、レーニン主義的国家観とロシア愛国思想の混合で、奇妙な心理状況にあったといってよいだろう。

この奇妙な、そして帝政ロシア以来の膨張主義を引き継いだソ連を統合していたのは、社会主義の理念と共産党の組織力、そして中央集権的な官僚統制だった。ところが、一九八五年に共産党書記長になったゴルバチョフは、中央集権の非能率と官僚統制の不合理とを解消するために、その緩和を図り、やがては社会主義の理念と共産党の組織力までも否定するに至る。ゴルバチョフは、社会主義文化の消滅を追認する過程で、巨大なソ連邦を結びつけていた靭帯をも断ち切ってしまったのである。「改革（ペレストロイカ）」に乗り出した当時、ゴルバチョフは、唯物論的人間観で形成されたソ連邦という国家の人工的性格を認識していなかったのであろう。

そうなれば、ソ連邦は二つの面から解体しだした。一つは共通の理念と組織の崩壊であり、もう一つは唯物論で否定されていた民族意識と宗教心の顕在化である。もともとロシア民族主義に反感をもつバルト三国やコーカサスの「共和国」は独立を宣言。戦後ルーマニアから編入されたモルドワもその方向に走った。これらの地域は、民族と宗教においてロシアとの同質性が乏しいからだ。

だが、問題はそれに留まらない。九〇年三月の国民投票では住民の七割が連邦制の維持を支持した白ロシアやウクライナでも、連邦のあり方には議論が多い。とくに重大なのは、全領土でも人口でも連邦全体の六割近くを占めるロシア共和国でも、ロシアだけの利益を主張する感情が高まっていることだ。ここでは急進的な経済と言論の自由化を掲げるエリツィン・ロシア共和国最高会議議長の人気が高く、九一年六月には「共和国大統領」の席に就くとみられている。

ロシアが「ロシアの利益」を主張すれば、ロシア以外の「共和国」は、連邦に留まる魅力を失うだろう。さりとて、ロシアが中央アジアの諸「共和国」のために犠牲を払うことには、ロシアの人々が抵抗するだろう。軍事防衛線と規格大量生産市場としての利点がなくなった今では、かなりの文化的同質性と民族的連帯がないかぎり、巨額の予算を投入してまで領土的統合を保つ意義が薄いのである。

こういえば、ソ連邦全体が急速に解体するような印象を受けるかもしれないが、ことはそれほど簡単ではない。七十年余ものあいだ、社会主義計画経済に支配されてきたソ連には、官僚統制以外に生産流通と治安財政のノウハウがない。小地域ごとの自由市場や物々交換は庶民の「生活の智恵」でできても、社会主義的分業体制が徹底された大領域では、全国的ネットワークがなければ生きられない。九一年春に入って各地で続発している炭鉱や大工場のストライキは、その現われである。

今、ソ連では自由な市場を求める民族的な願望と、広域的生産治安体制を担う官僚組織の能力との矛盾が複雑に渦巻いている。ゴルバチョフ氏は一時、前者に乗って改革を進めて人気を得たが、生産の停滞と治安の悪化が現われた。一九九一年の一〜三月のソ連のＧＮＰは、前年同期を九％も下回った。

それによってゴルバチョフ大統領は、生産と治安を保つためには、当分のあいだ官僚機構に頼らざるを得ないことを悟った。だがそのために、民族的な願望に反するとして批判を浴びている。民衆の目には、いささか無責任な自由化急進論を唱えるエリツィン氏が、「次の夢」の担い手なのである。

官僚統制機構がソ連における生産流通と治安財政を維持する唯一の仕組みと組織であり、その組織が権限意識によって全国的統制強化を求めているとしても、緩みだしたソ連の靭帯を再強化することは不可能だろう。すでに社会主義の理念と文化が失われた以上、多様な民族性と伝統慣習を抑圧する論理と尺度がないからである。九〇年末から顕著になった保守派軍部官僚の台頭も、それぞれの組織権限意識以上の理想をもっていない。

ECのように、確立した国家群がその主権の一部をなし崩しに拠出して共同体文化圏の形成と細分化した地域文化圏の許容に進むのも、「二重の文化圏」への道なら、ソ連で起っている民族感情の興隆による強力な中央集権の低下の結果として、「緩やかな連邦」としての共同体と地域の自立が生れるという道程もまた、「二重の文化圏」への道なのかもしれない。

その場合、二つの共同体（ECとソ連）の中間に位置する地域の帰属は、困難な問題となるだろう。ソ連におけるバルト三国やモルドワ、ユーゴスラビアのスロベニア、クロアチアなどの独立問題は、この種の難問の一つである。

ドイツが提示する「二重の文化圏よりなる世界」の構想にも、錯誤と混乱の要素が少なくないのである。

3　冷戦後の憂鬱──「東西対立」から「南北憎悪」へ

石油不足に泣く二十カ国

「湾岸で戦端が広がれば石油は五十ドルにもなるだろう」──九〇年の九月までは、それが市場の「常識」だった。ところが十一月ごろからは「戦争は石油売り」と変った。その原因が、「湾岸戦争は世界危機ではない」という認識が広まったためだが、もう一つ、「石油不足でも高値買いをする国がない」という事実が知れわたったことも見逃せない。

一九九〇年前半の世界の石油需給は、供給余力約一〇％。したがって、それとほぼ同量のイラクとクウェートの石油供給が停止すれば、全世界の油田がフル操業しなければ世界は石油不足になる状況だった。現実問題としては、休止中の油田の生産再開には数カ月かかるし、労働力の調達問題もあるので、一〇〇％操業にはなり得ない。九〇年九月ごろからサダム・フセインが「戦争になれば化学兵器でイスラエルやサウジアラビアを攻撃する」と宣伝したのは、これによってクウェート国境に近いサウジの油田から労働者を追い出し、世界を石油不足に陥れるためであった。

加えて、世界最大の産油国・ソ連の生産量も、九〇年春から低下傾向にある。したがって常識的に考えれば、イラクとそれが占領したクウェートを経済封鎖すれば、世界的にかなりの石油逼迫感が生じるはずであった。それでも、欧米や日本などの豊かな先進国は、百二十日分以上の備蓄をもっているので現物不足は起らないが、備蓄の乏しい発展途上国は高値買いをせざるを得ず、スポット価格の高騰は避けられない、というのが市況の読みだった。九〇年九月ごろまでの石油市況の上昇はこれを反映した動きである。

ところが、そのスポット価格は九〇年十月から下落をはじめる。高値買いをする国がなかったからだ。では石油不足は起らなかったかというと、必ずしもそうではない。九一年年初には、自動車の運行や発電量を大幅に減らさねばならないほどの石油不足に陥っている国が、世界に少なくとも二十はある。

ソ連からの供給が削られたキューバでは自動車が動かせず、急遽、中国から自転車を輸入した。ルーマニアやブルガリアも、冬の暖房を抑えねばならなかった。ドミニカ共和国でも発電と自動車運行が激減している。これらの国々では、第一次、第二次の石油危機よりも、はるかに深刻な石油不足が起ったのである。

欧米や日本が何の不足も感じていないのに、東欧や一部の発展途上国がなぜそれほどの石油不足なのか。答えは簡単、輸入するお金がないからである。第一次、第二次の石油危機のときには東欧やキューバには、社会主義的国際分業方式によって、前年とさほど変らぬ価格でソ連が石油を供給していた。中南米やアジアの発展途上国には、西側の政府と銀行が高い石油が買えるように資金を貸した。東西冷戦構造の下ではソ連もアメリカも、多くの国々を自陣営に引きつけるために経済的犠牲を払った。そのお陰で、貧しい国々でも石油が買えたが、それがスポット価格を吊り上げる一因にもなった。

ところが今回はソ連も身を切ってまで安値供給をしないし、西側の政府や銀行も返済の危ぶまれる国にお金を貸さない。冷戦構造が消滅した今では、ソ連もアメリカも、敢えて貧しい国々のために経済的犠牲を払おうとはしなくなった。このために二十余の国々が深刻な石油不足に陥ったが、国際石油市況は上がらなかった。今回の湾岸問題では、貧しい国々が切り捨てられたわけだ。このことは冷戦後の世界構造がきわめて憂鬱なものであり、そこで「世界の警察」を務めるアメリカの役割が決して「愛される立場」でないことを暗示している。

豊かな八億人と貧しき六十四億人からなる一つの世界

東西対立の冷戦構造は、膨大な軍事費を浪費し、各国に政争を巻き起し、思想と言論の弾圧を生み、時には地域戦争とテロによる人命の損失を見た。しかし、その一方では東西対立の冷戦構造は、米ソ双方が味方を増すために「愛され競争」をする仕組みでもあった。

このためにソ連は、社会主義の理念と理想を説き、軍事と経済の援助をした。アメリカは自由主義の素晴らしさを語って膨大な経済援助と外国品輸入を行った。国内においても、外国に対する憎悪や中傷を抑え、外国人には寛大に振舞ってみせた。日本人がソ連でもアメリカや西欧諸国でも、本心以上に歓迎のポーズで迎えられたのは、日本を味方にしようという政府ないしは国全体の意思が、自然と人々の心理に伝播していたためである。

しかし、その冷戦構造が消滅した今となっては、ソ連はもちろん、アメリカにも西欧諸国にも、味方を増やす必然性はなくなった。彼らはより冷酷に外国を「利益になる相手か」「愛される必要のある相手か」で評価するようになった。一九八〇年代の後半に至って、西側諸国から「南」の発展途上国への資金の流れが細りだした原因の一つは、この点にある。

八〇年代初頭までの主要な資金の流れは「北（先進国および産油国）から南（発展途上国）へ」であったが、八〇年代中頃以降は「北（日本およびドイツ）から北（アメリカ等）へ」と変り、九〇年代になると「西（西欧諸国）から東（東欧・ソ連）へ」と移りつつある。今回の湾岸戦争によって、産油国はもちろん、日本もドイツもアメリカも資金的余裕は激減するので、「南」への資金流入はますます減りそうである。そうなれば、「北」と「南」の格差は一段と開かざるを得ない。

しかも、問題は、そうした政治的変化だけではない。これからの世界には、南北の経済格差を拡大する必然的な要素がありすぎるほどである。その第一は、人口の増減だ。

近代社会では、「豊かな所は人口が増える」というのが常識だった。歴史の研究においても「人口が増加した時代は経済が繁栄し社会が安定していた」と推定することが許されていた。ところが、一九六〇年ごろからは、西欧や日本、アメリカの白人社会のような豊かな所では出生率が低下、人口の高齢化が進む一方、アジア、アフリカ、ラテンアメリカなどの貧しい国々では人口が爆発的に増えだした。

一九九〇年には日本の特殊出生率（女性一人が生涯に生む子供の平均数）は一・五四人、旧西ドイツは一・四〇人に過ぎなかったのに、アジアの貧しい国々は五人以上、ケニアやタンザニアに至っては八人以上である。このため一九六〇年には「豊かな八億人と貧しい二十四億人」(一対三)といわれたのに、四十年後の西暦二〇〇〇年には、「豊かな八億人と貧しい六十四億人」(一対八)になりそうである。韓国や台湾などアジアのNIESは「豊かな」ほうに加わったが、ソ連が「貧しい」ほうに入ってしまった。

第二の問題は、地球環境とりわけ土地の砂漠化だ。人口増加による薪炭需要の増大や農耕の拡大によって、今も発展途上国では広大な森林が伐採され、土地の砂漠化が進行している。八〇年代の十年間に失われた森林面積は百二十万平方キロ、砂漠化した土地は四十万平方キロに及ぶという。日本全体の四倍の森林が消え、日本全国ほどの土地が砂漠化したわけだ。とくに第二次石油危機直後の数年間にそれが甚だしかった。石油価格が高騰すれば、貧しい国々の人々が森林エネルギーに依存することが多くなるからである。今回の湾岸危機による石油不足も、それを再現する恐れがある。

貧しい発展途上国での森林の消失と土地の砂漠化は、直ちに内紛と飢餓に繋がる。九〇年代はその可能性を十分に抱えているのである。

第三の問題は技術の進歩、つまりエレクトロニクスの発達による工場の自動化とバイオテクノロジーの進歩による農業生産力の向上だ。これまでの経済学は、発展途上国の経済開発には、豊富で低廉な労働力を利用した労働集約的製造業を育成するのが第一だと教えてきた。ところが、八〇年代におけるエレクトロニクスの発達は、先進国の工場を自動化し、製造コストに占める労働賃金の比率を低下させてしまった。今では、オートメーション化した日本の工場は、その技術をもたない発展途上国の工場の十倍以上の生産性ではるかに上質の製品を生産する。このため、賃金が日本の二十分の一、三十分の一でも、発展途上国の工業は競争力をもたない。「労働集約的な産業」という概念自体がなくなってしまったのである。

もう一つの発展途上国の得意産業だった農業でも、バイオテクノロジーの進歩で先進国の収穫高と生産性が向上、安価で品質のよい農産物が大量に供給されるようになった。今では、シンガポールのような「都市国家」が、人工的にコントロールされた「工場」の中で中華料理用のシイタケを大量生産する輸出国になっている。

こうした技術の進歩は、工業と農業の生産力をますます先進国に集中させ、発展途上国の経済開発を困難にする。これまでの発展途上国の人々の競争相手は先進国の労働者だったから、生産性の低さを賃金の安さと労働時間の長さによって補うこともできた。だがこれから彼らが競争する相手は、先進国のロボット、照明施設がなくとも二十四時間動きつづける全自動電子制御機器なのである。

各国から兵力と資金の拠出を受けて湾岸戦争に勝利することで、「武力による国境変更」を抑制し、西側の国際秩序で統一された「一つの世界」を確立しようとするブッシュ大統領の試みは、偉大なビジョンだといえるだろう。だが、それが対象としている「一つの世界」は、「ますます豊かになる八億人とますます貧しくなる六十四億人の世界」なのだ。この極端な格差の世界を守り抜こうとする「世界の警察」アメリカは、つねに緊張と負担を強いられることになるだろう。

　ドイツの提示する「共同体と地域の二重の文化圏で構成される世界」にしても、工業力と軍事力の発展と、民族感情や伝統慣習との両立、つまり「豊かさの中での主観的充足」をめざすものだ。要するに「北」の論理なのである。それでは南北の格差は拡大することは明らかだ。これに対して貧しい「南」の側は無力かというと、実はそうではない。きわめて恐ろしい対抗手段がある。それは「難民の流出」である。

「南」の報復——人口流出の恐怖

　大戦争のあとに生じる「終戦直後現象（アプレゲール・シンドローム）」には、四つの特色がある。資金不足、物資不足、地域紛争、難民多発である。第一の資金不足はすでに世界的金利の上昇となって現われ、とくに「南」への資金流入を激減させている。かつての主要な資金供給国の中で、ドイツは旧東ドイツや東欧・ソ連への資金供給で今や資金取入れ国になった。日本も経常黒字の減少とバブル経済の破綻で資金供給力が半減、九一年は三百億ドル程度しか出せないだろう。八九年の一千億ドルに比べると七割もの激減である。もう一つの資金供給源、中東産油国は、湾岸戦費の調達で赤字に転落する可能性がある。したがって当分のあいだはかなり厳しい資金不足が続くだろう。

　第二の物資不足は、とくにソ連・東欧において著しいが、湾岸危機の発生とともに一部の発展途上国にも広まっていることは前述のとおりだ。九〇年代の前半に、一部の地域で八〇年代前半のような飢餓が発生する可能性も小さくない。

第三の地域紛争はまずソ連国内で、次いで湾岸で実現した。リベリアと南アフリカも平穏ではない。今後もソ連邦内の共和国やユーゴスラビア、南アフリカなどは要警戒地域だし、資金不足、物資不足で苦しむ発展途上国で革命騒ぎや内戦がはじまる可能性がある。

しかし、何といっても重大なのは難民の多発である。すでに旧東ドイツから旧西ドイツへは八十万人以上が移住したし、東欧・ソ連からドイツへの流入者も数十万人にのぼるという。ソ連からイスラエルへの移住者が一九九〇年には十八万人に達したことは前述したが、なおソ連では百万人以上のユダヤ人が移住を希望しているという。イラクのミサイルが落ちてくる中でもこの流れは続いていた。

一九九一年一月下旬、ウィーンで開かれたヨーロッパ難民問題会議では、ソ連の代表が「ソ連からの移住希望者は二百万人」という数字を語った。その中には、ユダヤ人のほかにウクライナなどに居住するドイツ系住民も含まれている。だが、沿バルト諸国からもかなりの難民が発生する可能性もあり、北欧諸国は警戒体制を敷いている。

東欧諸国も要注意だ。すでにルーマニアやポーランドからドイツに、アルバニアからイタリアにかなりの数が流入しているが、今後は激増の可能性がある。ドイツが、旧東ドイツ地域の経済復興と生活再建に多額の投資を必要とする苦しい財政事情の中で、ソ連や東欧に多額の経済協力を進めている理由の一つは、各国の経済安定によって難民の発生を減らしたいからである。

イラクでは、もっと恐ろしいことが現実に起っている。湾岸戦争の混乱に乗じて蜂起したクルド人が、イラク正規軍の攻撃でトルコやイランに百万人単位で流出しだしているのである。同じクルド族住民を抱える周辺の国々にとっては頭の痛い問題であり、新たな動乱要因ともなるであろう。

しかし、難民の問題では「東」よりも「南」のほうがはるかに重大だ。人口の数と貧困の状況がはるかに大きいからである。そしてここでも湾岸戦争の影響は小さくない。豊かな産油国に出稼ぎに出ていたアジア人の多くが職を失って帰国、一層の人口圧力となるとともに、外貨収入減を招いているからである。

人口の移動と定住化への国際秩序を

難民、移民の問題に関する国際秩序も、この十五年間に大きく変化した。近代国家の成立した十八世紀から一九七五年までは、どこの国の政府も自国籍の平凡な市民多数が、外国に移住したがるのは、政治経済の悪さを示す「恥ずかしい現象」と信じていた。このため、各国政府は、可能なかぎり自国民の流出を防ごうとした。東ドイツが「ベルリンの壁」をつくって国民の流出を止めようとしたのも、ソ連がユダヤ人の出国を抑制していたのも、キューバがアメリカへの流出を妨げていたのも、そうした発想からであった。

ところが一九七五年に、カンボジアとベトナムが自国民を行き先の当てもないままに「ボートピープル」として海上に流出させるノウハウを開発したことで、それまでの国際常識は大きく変ってしまった。すぐ翌年にはキューバが大量の難民を送り出したし、アフガニスタンのカルマル政権も共産主義に反対する数百万人の人々をパキスタンやイランに流出させた。今はソ連も移住希望者をどんどんと送り出しているし、イラクもクウェートを占領すると二十万人を流出させ、今また、何百万人ものクルド人を追い出そうとしている。

政治運動家でも特殊技能者でもない平凡な市民が、現政権の政策や経済状態を嫌って、行き先も決らぬままに生命がけで出国するのを、罪とも恥とも考えない政治思想が蔓延しつつあるのである。もしこれがアジアやラテンアメリカの人口の大きな国々に波及すれば、全世界が大混乱になるだろう。

一九九〇年代につくられる世界構造と国際秩序は、こうした新しい国家観と政治意識とを踏まえて、人口の移動と定住化の秩序をも含んだものでなければならない。そしてそれは、これまでの世界がほとんど経験したこともない困難な問題でもある。

多国籍軍に見られる強力な軍事力とハイテク装備による豊かな経済力を誇る「北」の国々は、冷戦構造の消滅によって貧しい「南」に愛される必要もなくなった。先進国連合の軍事力と経済力をもってすれば、貧しい発展途上国の侵略を打ち破ることはさして難しくないだろう。それだけに、九〇年代の資金不足の中では、世界の資金はより高い投資効率を求めて「北」から「北」へと移動、「南」への流れは細るに違いない。

だが、その「南」にも、大量の難民を流出させることで「北」を脅かす手がある。それを避けるためには、新しい発想での「南」に対する経済技術援助と、人口移動に関する秩序が必要になるだろう。それに成功しないならば、二十一世紀の世界は「東西対立」よりも憂鬱な「南北憎悪」の世界構造に陥ることになりかねない。

第四章　世界構造と日本の国質

新しい世界構造の形成と国際秩序の再編成には、日本も傍観者ではあり得ない。幸いにも冷戦の勝者となり、巨大な経済力を備えた日本は、新しい世界構造と国際秩序の確立に積極的に参加し、影響力を行使しなければならない立場にある。

しかし、そのことは、日本の現状を肯定し、世界をそれに適合させるよう主張し行動することではない。それは、世界の流れを冷静に見極め、その中で可能なかぎり日本に有利な世界構造と国際秩序をつくり上げるように、日本自身の「国質」を改革しながら、有効にして現実的な方策を探ることである。

このためには、二つの理解と一つの行動が必要である。第一の理解は世界の流れを知ることであり、第二の理解は日本自身の本質を誤解なく認識することである。そして一つの行動とは、未来の世界構造と国際秩序を日本に有利なものにする影響力を、自らが行使できるように、日本自身の「国質」を改革することである。

1　自主外交の基礎条件

真の意味での「自主外交」とは

今、日本では「自主外交」を求める声が高い。一九八九年には『「NO」と言える日本』という書物がベストセラーになったし、九〇年前半には日米構造協議で大規模小売店舗法の撤廃や系列企業体制の変更を求めるアメリカの要求に、「NOと言え」という議論が強かった。九一年になってもお米の輸入実現に反対する声が続いている。そしてそれが「自主外交」と考えている人々も多い。また、先頃の湾岸戦争においては、「アメリカの尻馬に乗って資金提供や自衛隊の派遣などするよりは、日本が独自の立場で平和解決の道を採るべきである」とも叫ばれた。

そんな声を背景に、何人かの政治家が「自主外交」をめざしてイラクを訪問したが、さほどの効果はなかった。中曾根元首相やアントニオ猪木参議院議員は、何十人からの「人質」を連れ帰るのが精一杯だったし、四十人の随員記者と共に開戦直前にバグダッド入りした社会党の土井委員長に至っては、脱出を急ぐ人々から航空券を取り上げたほかは何の意味もなかった。それもそのはず、何の調停案も持って行かなかったのだ。

そもそも喧嘩の仲裁に立つ者は、独自の調停案を用意し、それに応じた者には利益を、拒否したものには制裁を加える覚悟をもたなければならない。だが、日本の場合は、いつもその覚悟がまったくない。それ以前に、そうすることが必要だという認識さえ欠けている。カンボジア和平会議を東京で開いたときもそうだったし、武器輸出の抑制案を言いだしたときもそうだった。

湾岸戦争でも、一部には、「日本はイラクに対して巨額の借款を与えているし、アメリカには軍事基地を貸与しているのだから、独自の調停が行える立場だ」という意見もあったが、それならば、イラクが日本案を拒否した場合、日本だけでも経済制裁を続ける覚悟があるのか、アメリカが拒否すれば在日米軍基地の撤去を求め、アメリカにおける反日感情を甘受する覚悟があるのか、というと、いずれも「NO」だろう。つまり、今の日本には本当の意味での「自主外交」をする覚悟が、政府にも野党にも国民一般にも、まったくないのである。

これまで「自主外交」といわれてきたものの中身はアメリカに反対する（NOという）こと、ないしはアメリカと違った外交行動をすること、だったといってよい。その意味で、日本が行った「戦後最大の自主外交」は、一九九〇年秋に自民党の金丸元副総理や社会党の田辺副委員長が両党を代表して北朝鮮（朝鮮民主主義人民共和国）の統一労働党と行った「戦後四十五年の謝罪と償い」の共同声明だろう。

日本が朝鮮半島を植民地化していた三十六年間についてならともかく、戦後の四十五年間の「謝罪と償い」とはまことに「独自の発想」である。この間、日本と北朝鮮とのあいだには国交もなければ貿易量も少なく、日本側の貸倒れになったことはあってもその逆はない。もし国交がなかったことを日本が「謝罪と償い」をするとすれば、「無為の損失補償」という世界史上前例のない行為となる。これが無冠の政治家の無責任な発言ではなく、政府の政策として実現されたなら、アメリカや韓国の不快感を覚悟してどこの国とも違った外交をしたことになるから、これほどの「自主外交」はあるまい。

しかし、これが「自主外交」だとすれば、日本人の大部分は「自主外交」に反対するだろう。アメリカにNOといい、アメリカと違うことさえすれば、日本と日本人の利益となるとは限らない。いやむしろ、たいていの場合には大損になってしまうのである。

昭和のはじめ、一九二五年から四五年までの二十年間、日本は外国に追随しない外交政策を採った。中国大陸への侵略も自主的に行ったし、国際連盟からの脱退も独自の判断で行った。「日独伊三国同盟」もそうだったし、太平洋戦争の開戦もそうだった。日本が真珠湾攻撃を行った一九四一年十二月八日の時点では、まだドイツもイタリアもアメリカとは戦争状態になっていなかったばかりか、両国とも日本の対米開戦には反対だった。それを敢えてやったのだから、日本外交の自主性は凄まじい。

そこまで日本を進ませたのは「国益擁護のため」「国家民族の生命線の確保」などのキャッチフレーズだった。当時の日本では、「中国における権益保持は帝国国益の根幹」といい、「満蒙はわが生命線」と叫んでいたのである。

だが、結果は周知のとおり、悲惨な敗戦となってしまった。この二十年間の「自主外交」ほど、日本と日本人に大損害を与えたものはない。そしてそのあとでは日本経済は大成長、国益と生命線を守っていた時代よりもはるかに豊かな国になっている。

中国での権益などは「国益の根幹」ではなかった。満蒙は「わが生命線」ではなかった。それは、そこに利権をもつ一部の企業や集団、それによって権限の強化と組織の拡大を図る官僚や軍事組織の利益にすぎなかったのである。

外交は、一部の利益のために国全体を損ねるものであってはならないし、一時の問題回避のために長期的破滅に向うものであってもならない。真の「自主外交」には、長期的展望に基づいて国全体の利益を図る戦略的構想が不可欠なのだ。もしそれがアメリカ追随であるならば、アメリカ追随こそが真の「自主外交」だし、アメリカに「NO」ということであるなら反米外交こそ平和と繁栄をかち得た。戦後の「世界構造」の中では、西側陣営に属し、西側の国際秩序を利用することが長期的全体的な日本の国益になったのである。

「自主外交」である。一九九一年の今日まで、日本はもっぱらアメリカ追随外交をしてきた結果、

「意思決定分担（デシジョン・シエアリング）」の苦痛と重荷

しかし、今、日本に有利だった東西冷戦の世界構造は崩れ、西側の国際秩序も再編成の必要に迫られている。第二次世界大戦のあとで世界構造と国際秩序がつくられたときには、敗戦国・日本には何の発言権も影響力もなかった。日本が国際社会に復帰したときには、すでに冷戦構造もGATT＝IMF体制もできあがっていたのである。

賢明にも日本は西側陣営に留まり、この世界構造と国際秩序を巧みに——多少のずる賢さで——利用した。アメリカの「核の傘」の下で防衛負担を最小限に抑え、議会制民主主義を装った官僚主導体制で規格大量生産型の工業を拡大し、社会主義志向の「世論」を利用してアメリカの貿易と軍事に関する要求を値切り続けた。

それは、日本人自身も意識しないほどに自然な行動だった。戦後の日本人にとっては、世界構造も西側の国際秩序も、「神の摂理」に近い「所与の環境」だったのだ。多くの日本人は、国際秩序が人間によってつくられ人間によって守られているなどとは考えもしなかった。それだけにこれを守るために力を割かねばならないという意識もなかった。

だから今回の湾岸戦争で、国際秩序の維持のために負担の分担を求められたとき、日本人は

これに応じたのは交際費の発想だ。

「万有引力の維持のために力を貸せ」といわれたのと同じほどに驚いた。それでも、渋々ながら相手の歓ぶ店に行くのが効果的である。

日本人の大部分は、湾岸戦争への拠出も、アメリカなどとの付き合いを円滑にするための交際費としか考えていない。日本は、GNP比率でみると、アメリカやイギリスよりも交際費が六倍も多い国だから、それが納得しやすい発想だったらしい。そうした日本独特の分りやすさに逃げ込んだために、国際社会の一員として意思決定を分担する意識は、今も生れていない。交際費なら相手の歓ぶ店に行くのが効果的である。

日本でも最近は、「負担の分担（バードン・シェアリング）」の必要性を説く論者は多い。「経済大国として日本も世界の平和と安定に応分の負担をすべきだ」という交際費的発想である。しかし、国際社会の「意思決定の分担（デシジョン・シェアリング）」を行うべきだという議論はほとんどない。ましてや意思決定を分担することに伴う苦痛と重荷について論じる者はいない。

一つの国が国際社会の意思決定を分担するとなれば、当然、意見を異にする外国の反感と反発を受ける危険がある。そしてそのことは、国論の分裂と内部抗争を生む。

アメリカやソ連は国際社会の意思決定に重要な役割を果してきたため、つねに国論の分裂に悩まされた。ベトナム戦争末期のアメリカ、フルシチョフ失脚前後やアフガン戦争後半のソ連はその典型である。ドゴール時代のフランスや七〇年代のイギリスもまた同じ苦しみを味わった。それに比べて日本は、アメリカ追随を決め込んでいたお陰で、そのような苦痛と重荷を味わうことがなくてすんだ。日本に与えられた問題は、アメリカの決定に従うかどうかという○×式であり、きわめて答えやすいものだったからである。

ところが、今、日本が直面している問題は、それほど簡単ではない。冷戦後の世界構造と国際秩序の構築について、何らかの意思表示をしなければならなくなっているのである。今こそ日本にも、戦後はじめて――いや日本史上でも昭和のはじめに次いで二度目の――「自主外交」が必要となっているのである。

イギリス追随外交の成功

有史以来、日本は「自主外交」をした経験が乏しい。外国から「狭くない海」で隔てられた島国では、外国での政治軍事情勢が、国内に直接重大な影響を与えることがなかったからである。

それでも、何度かは自主外交を行った。おそらく最初は、唐王朝の成立によって朝鮮半島の情勢が激変した七世紀。日本は大胆に介入し白村江まで兵を出したが、たちまちにして大敗した。これに懲りてか、その後九百年間、日本は外国に政治的軍事的介入はしなかったし、しようという意思ももたなかった。この間の日本外交政策は、「介入せず干渉されず」の孤立主義であり、それを破ろうとした元朝フビライ汗の派遣軍には極力抵抗、台風の援けを借りてこれを撃退している。自主外交というよりは無知と無欲から出た孤立主義の実行であったろう。そのためこの国では、敵を撃退したあとも元軍追撃の意見は出なかった。

第二の自主外交は、十六世紀末の豊臣秀吉による朝鮮出兵である。このとき、日本の為政者たちがどんな世界構造や国際秩序を東アジアに打ち立てようとしていたのか、全然分らない。秀吉は「中国四百余州を占領して皇帝になる」などと言っているが、到底本気だったとは思えない。むしろ日本国内の軍事組織の人事圧力を、朝鮮半島での戦闘によって吐き出すぐらいが狙いだったのではないだろうか。

とにかく、この大義と理念を欠いた侵略は大失敗、結果としては閉鎖的な徳川幕藩体制の成立を促進しただけだった。そしてこのときも、その失敗に懲りて二百五十年間の孤立主義に逆戻りした。その後長らく日本人は、外国はおろか北海道に対しても積極的な進出意欲を示さなかったのである。

第三回の自主外交は、明治維新以降の一連の事件である。だがこれも、その前半、第一次大戦までは積極的自主外交とはいい難い。明治維新前後の世界情勢を見れば、日本がイギリス陣営に属したのは、ごく自然の成行きだったし、そのお陰で日清・日露の戦争を戦い勝つことができたのだ。

第一次世界大戦に至っては、ただただ日英同盟の結果にすぎない。ヨーロッパで戦争がはじまった当初の一九一四年六月末から七月にかけては、日本がドイツ側に立ってロシアに攻め込むだろうという観測が、外国でも日本国内でもあった。ベルリンの日本大使館前には多数の市民が集まり、日本参戦の噂が流れるたびに万歳を叫んでいたほどである。

しかし、八月四日、イギリスがドイツに宣戦を布告したことで状況は一変、八月十五日に至って日本政府は九日間もの長い期限つきの最後通牒を発し、二十三日にようやく宣戦布告したのである。

原因や経緯はどうあれ、明治維新以来五十年間のイギリス追随外交は大成功だった。日本が短期間に国際的にも「列強」の一つとなり得たばかりか、産業経済も大いに発展させることができた一因は、イギリス追随に徹した外交にある。

世界の流れに逆らった昭和の自主外交

ところが、第一次世界大戦が終了すると、イギリス陣営には対戦相手がなくなった。それはあたかも、冷戦の終焉で東側社会主義圏という対戦相手を失った現在の西側陣営の姿に似ている。

そのうえ、盟主だったイギリスは、戦争には勝ったが、そのための負担で経済力を消耗し労働階級の福祉要求が強まり、世界の覇権を一手に担う実力と意欲を失っていた。イギリスはその後も中東やアジアの紛争に介入、その勢力を拡大しているかに見えたが、実質的には世界支配から後退しつつあった。

このため、イギリス陣営は解散となり、日英同盟も廃止になってしまう。これに代るものとして、西太平洋に関係する九カ国のあいだでワシントン平和条約が結ばれるが、関係国全部が参加した条約など積極的な意味がない。全日本国民が加盟するクラブをつくっても無意味なのと同じだ。つまりこの時点から世界構造と国際秩序の再構築がはじまっていたのである。

ところが、このことに気づく日本人は少なかった。そのころの日本は、第一次世界大戦後の不況が続き、米騒動や金融恐慌があり、関東大震災まで起った。内政多忙で世界情勢にまで目が届かぬ状態だったのかもしれない。このため日本は、気がついたときには、新しく生れた世界構造の中で、主流となっていたアメリカ、イギリス陣営から疎遠になっていた。

それでも、明治時代の日英同盟の効果（イギリス追随外交の思想）を記憶する政治家たちが健在だったあいだはまだよかった。昭和に入って彼らが死亡または引退、官僚的縦割機構が権限意識と発言力を強めると、たちまちにして侵略と国際的孤立への道を突っ走ることになる。

一定の世界構造の中で、有力な一国に全面追随することは、外交内政の両面で基本方針を与えられるに等しい。したがってそれを貫徹することは、「部分の主張」を抑制する結果にもなる。たとえば明治時代に台湾以南への進出を抑えて中国北部に軍事力を向けたのは、ロシアの南下を抑制しようとするイギリスの世界戦略に追随してのことだ。大正後半に陸海軍の反対を押し切って軍縮を実行できたのも、世界的な軍縮をめざすイギリス、アメリカの主張に追随する基本方針があったからだ。官僚の抵抗を抑えて、曲りなりにも普選権を拡張して議会内閣をつくったのも、議会制民主主義を広めるイギリス式国際秩序に追随するためである。

ところが、昭和に入って多角的自主外交を展開するようになると、基本方針自体がなくなり「部分の主張」を抑える歯止めが失われてしまう。金解禁とロンドン軍縮条約とを最後に、米英追随をやめた日本は、軍事、警察、経済の各官僚機構が、それぞれに自己権限を主張して、それに繋がる政治家、財界、言論団体が跋扈する官僚統制国家になってしまった。

この方向は、当時の世界の主流とは違っていた。一九二〇年代から三〇年代の世界の主流は、官僚統制の強化ではなく、大衆社会の形成であった。軍事支配の拡張ではなく、巨大企業による経済活動の深化だった。一九三〇年代に入ると、イギリス、フランス、アメリカが関税障壁を高めるブロック経済化を進めるが、軍事支配と文化的同化はむしろ緩めていた。世界的な民族主義の台頭に気づいた彼らは、十九世紀的植民地主義のコストが高くつきすぎることを悟りだしていたのである。

その中で日本は、自国の民族意識の高揚をアジアに押しつける誤りを犯した。多数の権限官庁の主張を押し通すために、外国に矛盾の吐け口を求める乱暴を行った。イギリス追随をやめたことで基本方針の歯止めを失った日本は、総合調整の効かない官僚分権国家になっていたのである。

昭和初期の自主外交の失敗は、第一に世界構造の変化を読み誤ったこと、第二に国政の基本方針を失ったこと、そして第三に世界構造に反する「国質」をつくってしまったことである。

今、世界はまた、世界構造の新構築と国際秩序の再編成の時期を迎えた。幸いにも冷戦の勝者となり巨大な経済力を蓄えた日本は傍観者ではあり得ない。冷戦では（湾岸戦争でも）勝ちはしたが、そのための負担によって経済力と社会結束の衰えたアメリカに追随するだけでもすまない。つまり、独自の判断による自主外交が必要になっている。それにはまず、世界構造の方向を見極め、次に日本に有利な世界構造への基本方針を定め、それを実現するために必要な影響力を行使し得る総合判断の可能な「国質」をつくらなければならない。

2　日本に有利な世界構造とは

世界平和・自由貿易・人口定住

日本にとって有利な世界構造と国際秩序とは何か。日本の将来を考え、日本が採るべき外交政策を検討する場合には、まずこのことを十分に知っておかなければならない。

幸いにも、日本の国土と産業と国民の気質は、きわめて明確であり、そこから導き出される結論も、明白である。それは世界の平和と諸国間の自由貿易と各国における人口の定住が維持される体制である。

海岸線が長く国土の縦深が浅い日本にとって、戦争ほど恐ろしいものはない。若者が減少傾向にあり、青年たちがバレンタインデーのチョコレート集めとファッション衣料に関心を集中している女性上位の社会は、まったく戦争に向かない。国内に資源が乏しく、農地も狭いこの国は、戦時体制に長く耐えられない。「安全保障のために米作農家を保護せよ」という「食糧安保論」などは論拠薄弱、「満蒙はわが生命線」のキャッチフレーズ以上に怪しい一部業界の利益擁護論だ。

敗戦直後には、山の上から学校の運動場まで芋を植えて食糧増産に努めたが、当時の七千万人すら満足に食えなかった。今、お米だけは自給できるというのは、輸入小麦や贅沢な副食があるお陰で、お米の消費量が年間一人当り七十キログラムしかないからであり、国民の主食を賄う生産量があるわけではない。日本における食糧の安全保障とは、世界が平和で食糧輸入が確保できること以外にはない。

国民の所得と産業の原材料と企業の利益の大きな部分を外国貿易に依存する日本にとっては、自由貿易なくしては繁栄はあり得ない。ヨーロッパや北米のような共通文化圏をもたない日本は、自由で多角的な貿易の最大の受益者であり、世界的に保護貿易が出現すれば最大の被害を受ける国である。日本の産業構造は、国内需要と大きく乖離してしまっているのである。

同文同種の人間が圧倒的に多い均質社会の日本は、経済的にも社会的にも大量の外国人を無統制に受け入れることが難しい。多数の「ボートピープル」が無秩序に押しかけてくれば、日本社会はたちまちにして混乱してしまうだろう。

もっとも私は、「外国人労働者が少しでも入ればたちまちにして、日本の社会と文化が崩壊する」という「労働鎖国論者」の主張には賛成できない。日本の社会はもっと柔軟性に富んでいるし、日本文化はそれほどひ弱ではないと考えている。今日われわれが「日本文化の典型」と信じている演歌やプロ野球やパチンコが、昭和初期に流入した外国人の二世、三世に依存することの大きさを考えても、日本の社会と文化の同化力はかなり大きいことが分るだろう。

しかし、ある時期に何百万もの外国人が「ボートピープル」のような形で無秩序に押しかけてくるとなると、話はまったく別である。日本の歴史には経験のない社会混乱と感情的対立が発生する恐れがあるからだ。それを防ぐためにも、地球上の圧倒的多数の人口がそれぞれの生れ育った国で定着し、生活する国際秩序が、日本には必要なのだ。私はそれを実現するためにも、一定の数と規律における労働移民の受入れが不可避だと思う。二国間協定によって、相手国にも利益になるような相互管理体制の下での「規律ある外国人労働者の受入れ体制」を急ぐべきだと考えている。

これからの日本の外交は、この三つの条件——世界平和、自由貿易、人口定住——を維持強化するための世界構造と国際秩序の形成に向けた長期展望と戦略構想をもって行われなければならない。湾岸戦争への戦費負担やGATT・ウルグアイ・ラウンドにおけるお米輸入拡大の問題も、そうした観点から考えられるべきであろう。

湾岸戦費の分担は憲法に沿った措置

まず、湾岸戦争への戦費分担だが、これは先の基準に照らして日本としては当然の措置、有利な話だ。

長期的に世界平和を希求するならば、武力による国境線の変更は断じて認めるべきではない。世界中には不満な国境線は沢山ある。歴史的民族的文化的に見て「不公正」とさえいえるものもある。現在の国境線は、長いあいだの戦争や政争で決められた。時には王家の婚姻や植民地宗主国の気まぐれ、戦術上の必要性などで決められたものもある。ドイツが国境線の「壁」を低くして、地域文化圏による自立自治を発想したのもこのためだ。

しかし、世界の平和を保つためには、国境線の不満不公正を武力で解消することは断固反対しなければならない。すべての区分がそうであるように、一方の満足は他方の不満に繋がる。多様な民族が混住し、複雑な歴史が積み上げられた大陸では、万人が満足する国境を引くことは難しい。

したがって、いったん、国境問題の武力解決を認めれば、相互不信を募らせ限りない混乱が生じる。各国は隣国に脅威を感じて軍事力を強化しなければならなくなる。インドやエチオピアのような食糧にもこと欠く貧しい国が、GNPの一〇%以上も軍事費に費やすのは悲惨なことだ。

そうだとすれば、理由のいかんにかかわらず、武力による国境線の変更を試みた者(国)は、「侵略者」として制裁を加え、それが政治的にも経済的にも絶対に利益にならないという国際秩序を確立すべきであり、そのために日本も自らの負担を覚悟して努力すべきであろう。

とはいえ、国際秩序の形成であれ、国際紛争の解決であれ、日本は武力の行使を憲法で禁止されている。それが適切か否かはともかく、法治国家である以上、憲法がそう規定している限りはそれを守るべきだ。九〇年秋の「国連平和協力法」案の審議で語られたような小火器だけを持った自衛隊員の小集団を後方支援部隊として湾岸に派遣するなど愚かなことだ。多国籍軍にとっては大した力にもならないばかりか、損害を受け恥をかく可能性すらある。万一多国籍軍側の戦線が後退するようなことがあれば、後方支援部隊も最前線になることは十分あり得る。そんなとき、小火器しかない日本部隊は、たちまち大損害を受けるだろう。

さりとて、前線が苦戦に陥って後退するとき、後方支援部隊が先に逃げるようなことがあれば、大変な裏切り行為になってしまう。前線部隊は、「あそこまで行けば医療隊がいる、この地点には補給隊がいる」と考えて、負傷兵を担ぎ武器食糧を捨てて後退してくるのだから、予定の地点の後方支援部隊が先に逃げていては困る。戦国時代の武将たちも、これを「裏崩れ」といって武士の最悪の恥としていた。そのことを考えれば、小火器だけを持った自衛隊の後方支援部隊を派遣するなどとんでもないことだ。戦闘地域でないヨルダンに輸送機を出すとか、戦後処理に掃海艇を派遣するぐらいならともかく、戦争地域に人間を出すのなら、適切な装備を整えて部隊を出すべきであろう。

しかし、では現行の憲法は、日本が何もしないことを想定していたのかというと、そうではない。日本国憲法の前文は「諸国の善意を期待し……国際的に名誉ある地位を求める」という主旨のことも唱えている。つまり、日本の期待を裏切る「善意ではない国」が現われれば、日本は名誉ある地位を得るべくその制裁に加わることを想定しているとみられる。まぎれもない独立国のクウェートを武力で侵略したイラクの行為は、日本国憲法の期待する「善意」の行為ではなかった。つまり日本としては制裁すべき対象である。ただその方法として憲法は武力行使を禁じている。したがって経済力の行使、つまり制裁を加えるべく軍事行動を起した国に対する資金供与は、憲法の精神に適した行為ということができるのではあるまいか。

武力紛争の当事者の一方に資金を供与するのは、古くからある外交手段だ。日本国憲法の制定者もそれを知らなかったはずがない。それにもかかわらず、それを禁止または制限する条項を入れなかったのは、そのような事態があり得ると考えた結果と考えられるだろう。

自由貿易を維持発展させるための行動を

日本が当面するもう一つの外交問題、ウルグアイ・ラウンドでの農産物交渉についても、同様の基準で対応すべきだ。つまり日本にとってはきわめて重要な自由貿易体制を維持発展させるためには、ここで日本は何をなすべきかである。

日本の農業にとって米作が重要なことはいうまでもない。とくに農水省の権限と農業団体の組織維持に果す米作の比重は大きい。しかし、長期的な日本全体の問題からみると、やはり部分である。

これまでも貿易の自由化や金融自由化のときには、各所管官庁から「この規制秩序が崩れれば日本社会が危ない」という反対論が必ず出た。一九五〇年代末には石炭産業が消滅すれば日本の安全性は失われるといわれた。七〇年代には金融自由化は信用恐慌を引き起すと説かれたし、コンピュータの自由化は「産業のコメ」をアメリカに握られるようなものともいわれた。だが結果としてはそれによって困窮したのはごく一部、全体としての日本経済は発展し、日本社会は安定していた。

日本は「アメリカの圧力に屈してなし崩しに譲歩している」といわれるが、少なくとも今日までの「譲歩」は、アメリカのためよりも日本の利益になっている。「満蒙こそわが生命線」と叫んで、部分利益のために断固世界に反対、全体を戦争に向わせたのとは、まったく逆の結果である。

お米の輸入問題も同じであろう。お米輸入反対論者は、さまざまな理由を挙げているが、どれ一つとして理性的合理性をもっているとは思えない。

最大の根拠としている「食糧安保論」が正確でないことはすでに述べたが、さらに追加すれば、これには二つのごまかしがある。その一つは、食糧輸入が止った場合、今日の米作を保護していれば、現在と同じだけの生産が維持できるかの如き錯覚を、国民に与えようとしている点だ。

食糧輸入が停止する原因はいくつか想定できるが、その第一は海上輸送の停止だ。しかしこの場合には、食糧ばかりか、石油もその他の資源も入ってこなくなる。そうなれば、石油を燃料とする耕運機と石油からつくる化学肥料や農薬に頼る現在の農業が続けられるわけがない。つまり現状の農業保護政策は、食糧安保に役立たないのである。

もう一つ、食糧安保論には価格変動の問題もある。だが、これもごまかしだ。世界の米相場が急騰しても、今の日本の政府買上げ価格以上になる可能性はきわめて少ない。もしそれが本当に心配なら、関税の操作で解決できるはずである。

第二に「米作日本文化論」がある。米作こそ日本文化の原点、これがなくなれば日本文化も滅ぶという主張である。

日本文化と米作との関わりが深いことは事実だが、今日の米作方法は、かつてのそれとはまったく違う。田植えも稲刈りも機械、雑草取りは農薬である。農村生活そのものが、古い日本文化を生んだ生活とはかけ離れている。昔懐しい日本文化を維持するために米作を保護するのなら、昔懐しい耕作方法こそ保護すべきだ。現在の農法での米作を保護しても、新しい別の文化が育つことはあっても、伝統的な日本文化を保つことにはならない。

何より重要なことは、現在の保護政策では農業に夢がなく、若者たちが従事しない点である。一九八九年に新卒者で農業に入った者は全国で僅か二千人。一級建築士や新任社長よりもずっと少ない。これではいかに税金と高価格で米作を維持しても、農業は衰退せざるを得ない。

政治は経済ほど信用されない。政治力での保護よりも、経済性による未来の夢と真の文化的環境を農村に再建することこそ大切である。当面の問題としては、適切な期間と段階を設定して自ら米の輸入拡大を宣言することによって、世界の自由貿易体制を維持発展させることこそ、日本に好ましい国際秩序をつくる「自主外交」ではないだろうか。

湾岸後の中東に難民繁栄計画を

最後に、日本が今なすべき重大な役割は、湾岸戦争後の世界の安定に積極的かつ自主的な政策を展開することである。

とくに中東には、湾岸戦争後も不安定な状況が続くに違いない。イラクに対する多国籍軍の軍事行動は早々と目的を達成したが、クルド人の大量流出は、新しい危機の火種になりかねない。多数のパレスチナ難民を抱えるアラブと、ソ連からの移民流入の続くイスラエルとの対立も、引き続き重大な問題だ。

こうした実態を全般的に解決するには、日本はあまりにも知識と情報と経験が不足している。

日本には、中東の歴史や民族問題について詳しい専門家も少ない。中東問題専門家と称する人々でさえ、イスラムの宗派とその教義について恐ろしいほど無知である。そんな日本が国境問題に深く関わるべきではない。ましてや湾岸戦争後の石油利権や復興需要で儲けようと企てるのは厳に戒めるべきである。兵を出さなかった者が戦後の利益をあさるほど見苦しく憎まれることはない。

しかし、歴史的な関わりが乏しいことは偏見のないことでもある。日本はユダヤ人問題にも深い関わりがなければ、国内に大量のイスラム教徒が居住することもないほとんど唯一の経済大国なのだ。そんな日本にとってできることは、まずパレスチナ難民の定住と生活安定に貢献することであろう。

中東の不安定の中には歴史的民族的宗教的な国境問題が重要な意味をもっていることはいうまでもないが、イスラエルの建国によってパレスチナを追われた人々（難民）が、四十年経た今も貧しく不安定な生活状況に置かれていることもまた深刻な問題である。生活の安定と未来の展望を欠くキャンプ暮しは望郷の思いを掻き立て追放者への怨念を高める。中東問題の解決には、まずパレスチナ人に働く場と快適な生活を与えることが第一ではないだろうか。

第二次世界大戦直後には、世界中に大勢の難民があふれた。実は日本にも朝鮮半島や中国東北部（旧満州）、カラフトなどから引き揚げてきた難民が二百万人もいた。それが今は日本国内各地に定住し、豊かな暮しをしている。ドイツにはポーランドやチェコスロバキアに編入された旧ドイツ領から移住した難民が一千万人もいたが、西ドイツ経済の繁栄のお陰で定住し定職に就いた。だからこそ、一九九〇年のドイツ統一でオーゼル・ナイセの国境線を比較的容易に認めることができたのである。

長い歴史と厳しい経緯のあるパレスチナ問題を、たかだか二、三十年の植民主義的居住者であった日本の戦後引揚げ者と同日に論じることはできない。ヨルダン川西岸やガザ地区の占領問題は、別に関係各国が協議する必要があるが、それと併行してパレスチナ難民の定住定職化を進めるために、日本が中東地域で大規模な産業開発プロジェクトを展開することは、一歩問題解決に近づく道になるのではないだろうか。

この場合、日本は工業や観光施設などの建設運営に無償援助するだけではなく、その生産品の輸入にも一定の責任をもつべきだ。経済で歓迎されるのは買い手であって売り手ではない。日本はここでまず、売り手としてではなく買い手としての役割を演じるべきだ。もちろん、それは日本経済のある分野に負担を課すだろう。しかしもしこれに成功すれば、世界の人口定着のモデルにもなるはずである。このことによって得られる日本の長期全体的利益は、計り知れないほどに大きい。

湾岸戦争のために、日本は百十億ドルの戦費を負担した。このために予備費の流用や防衛費の削除などのほか、石油税の五〇%引上げ(リットル当り一円二銭)や、法人税の引上げも行った。戦争のために百十億ドル使うことを思えば、平和のためにはそれ以上を使えるはずだ。石油価格が安定するならリットル当り一円二銭の負担は大きなものではない。石油税をこの水準で続けるだけでも年間二十数億ドルの対外援助ができる。それを湾岸戦争後の中東その他の安定に使うのは、無駄なことだろうか。

中東にかぎらず、増えつづける各地の難民に定住定職の機会を与えることは、日本に有利な国際秩序をつくる重要な道である。これまで難民援助は人道的見地に限られてきたが、これからは難民の生産力化こそ大切であろう。日本がそのためのノウハウを開発できれば、日本にとっても有利なことである。

第五章　分裂する日本の自画像

1　三つの内外格差

歴史上、日本の「自主外交」はいつも失敗だった。とくに一九二〇年代から四五年にかけてのそれは、太平洋戦争での敗北という悲惨な結末に終っている。世界構造の変化と国際秩序の再編成に逆らい、世界の主流からはずれてしまったからである。

今また世界は、新しい世界構造と国際秩序の再構築の時期を迎えている。幸いにも冷戦の勝者となり巨大な経済力を備えるに至った日本が、安全と繁栄を保つためには、日本にとって有利な世界構造と国際秩序ができあがるように積極的に働きかけなければならない。

しかしそれは、日本の現状を世界に認めさせることでもなければ、日本の各部分の利益を世界中に押しつけることでもない。国民社会全体の利益を見据えて、世界の流れと調和した範囲において、多くの国々と協調して理想と利益を追求することだ。

そのためにはまず、われわれ日本人自身が自らの現実を正確に認識し、諸国が納得する日本像をもって対話する必要がある。世の中で、内に不満を抱き外に傲慢な振舞いをするほど嫌われることはない。九〇年代の日本はまず、自らの不満の原因を知り、諸外国の批判の理由を悟る理性の構築からはじめなければならない。

〝我慢の子〟的日本像と〝傲慢な〟日本像

中東湾岸戦争では、日本も百十億ドルの戦費を提供した。これには社会党・共産党、反戦平和を唱える市民団体が反対したほか、「資金提供には賛成だが、アメリカのいいなりにお金を出すだけでは能がない。大金を出す以上は日本の注文を付けるべきだ」という声が強かった。つまり「もっと恩に着せてよいのではないか」というのである。

ところが、湾岸戦争終了後のアメリカやイギリスの評価では、日本は「ルーザー」、つまり「負け組」に入っている。この重大な戦争に十分な貢献をせず、世界の評価を落したというのである。

西欧諸国やアラブ穏健派はもちろん、パキスタンやバングラデシュなどのイスラム系発展途上国やチェコスロバキアなどの旧社会主義国を含む二十八カ国が兵員を送り、別の九カ国が支援活動を行った事実から見て、西側経済大国の日本が「汗も血も惜しんで金だけ」というのを、不満と思う人々が多いのである。

「金を出してやったんだから恩に着ろ」と思う日本人と、「金しか出さないのはずるい」というアメリカやイギリスの世論。この大きな落差こそ、日本評価の内外格差を象徴している。このことは、経済問題においては一段と激しい。

ここ三、四年のあいだに、「ジャパン・バッシング（日本叩き）」という英語が、日本人によく知られた熟語になってしまった。保護政策で凝り固まっている農林水産省や運輸省はもちろん、国際化に比較的理解があると思われていた通産省や大蔵省の役人にも、「今やアメリカは日本の産業力の削減に剝き出しの闘志を示している。最近のアメリカの主張には、国際協調よりも日本に対する敵意が感じられる」という声が少なくない。

交渉に当る当人たちがそうなんだから、いささかバイアスのかかったマスコミ報道を通じて話を聞かされる一般の人々が、アメリカの要求はただただ「ジャパン・バッシング」、日本の経済力を低下させるための難癖と思ってしまうのも、不思議ではあるまい。

東西対立冷戦構造の終焉で、明確な「敵」がなくなり、湾岸戦争の勝利で意気上がるアメリカは、これからますます日本を厳しく見ることだろう。四月に訪米した海部総理大臣に対して、ブッシュ大統領が訪日を確約せず、お米や半導体の問題をもちだしたのも、その現われの一つだろう。

もっとも、日本に厳しい要求を突きつけているのは、アメリカだけではない。西ヨーロッパの国々、とくにフランスやイタリアなどは、未だに日本製品に対してかなり厳格な輸入制限をしており、EC域内の工場でつくられた自動車や電機製品まで、日系企業の製品には日本製の部品使用が多いという理由で、貿易制限の対象にしようという動きさえ示している。

こうしたことから、日本人が感じる日本像は、「清く正しく努力しながら、アメリカやヨーロッパ諸国にさまざまな無理難題を吹きかけられ、ひたすら低姿勢を通す我慢の子」である。「せめて一度ぐらい『「NO」と言える日本』になりたい」という気持になる人が多いのもこのせいだろう。

ところが、その一方では、「傲慢な日本人」という批判が世界中で広まっている。アジアの国々では、もう十年も前から「日本人は傲慢だ」といわれていたが、最近はアメリカやヨーロッパでも、その声が高い。

それは単に、日本の企業が外国の不動産や会社をどんどん買収するためだけではない。日本人の駐在員も旅行者も実に傲慢だ、金にあかして現地人の感情や習慣を無視して憚（はばか）らない、といわれている。同時に、留学や仕事で日本に居住する外国人の中にも、「自分だけが正しいようにふんぞり返っている日本人の傲慢さは耐えがたい」という批判も多い。日本に留学したアジア人の大半は、帰国後も反日感情をもちつづけている。

もちろん、これは個人的な問題ではない。日本の国の態度についても、「傲慢だ」という批判は日に日に高まっている。国際会議でも経済協力の現場でも、「自分だけの都合を押し通す日本」という非難が渦巻いている。何事にも「日本的やり方を押しつける」と感じられるのである。

日本人が感じている「我慢の子的日本」像と、外国で広まっている「傲慢な日本」像、そのあいだの内外格差はあまりにも大きい。

〝豊かな〟統計数値と〝貧しい〟生活実感

今日の日本は「経済大国」といわれ、「豊かな国」だと信じられている。そのことを示す統計数値は数多い。

一九八九年の日本の国民所得は時価二百八十七兆円、国民一人当りでは一万八千ドルになり、同じ年のアメリカを約一五%も上回っている。一ドル一三五円の為替レートで換算すれば、スイスやスウェーデンなど日本よりもいくらか高い国もあるが、それにしても、いまや日本の所得水準は世界のトップクラスであることは間違いない。

それ以上に日本の「豊かさ」を示すのは資産の大きさだ。日本の全国土総地価は千八百四十一兆円、アメリカの二・五倍にもなっている。東京都だけでも四百九十一兆円、ほぼアメリカ全土の価格に匹敵する。また、東京証券取引所の上場株式総時価も最高時には六百十一兆円に達し、ニューヨーク証券取引所の一・五倍にもなった。イギリスや西ドイツの株式時価総額は、日本の十分の一程度にすぎない。

そのうえ、日本は世界最大の純債権国、日本の企業や個人が外国にもっている資産も断然多い。これらを合算して国民の数で割ると、日本人一人当りの資産は、アメリカ人の四倍、イギリスの五倍、西ドイツの六倍にもなる。

「外国は住宅や道路が整い、美術品などもたくさんある。それを考えると、やっぱり欧米の蓄積は分厚い」という人もいるが、とんでもない。過去二十年間の公共事業や設備投資、住宅投資の額は、日本がもっとも多い。住宅や道路、工場などの設備は年々消耗するので、そんなに古いものは値打ちがない。どう考えても設備資産では日本が断然多いのだ。

ゴッホの絵一枚が百二十五億円もするのだから、欧米の保有する美術品や財宝の価値はかなりなものに違いないが、国全体の資産総額から見るとたいした比率ではない。それに、時価で見れば日本にある書画骨董も欧米に劣らぬ価格になるだろう。もっとも日本の書画骨董が国際的にどれほどの評価を受けるかは別の話だが。

つい十年ほど前までは、「日本は高度成長で経済の流れ（フロー）は拡大したが、経済の蓄積（ストック）は不十分だ」という人も多かった。「所得（フロー）倍増に続いて資産（ストック）倍増を図るべきだ」と主張していた政治家もいた。しかし、現実には、一人当り所得のほうはアメリカを一五％上回るだけだが、資産のほうはアメリカの四倍、イギリスの五倍にもなっているのである。

加えて、日本の国際収支は大黒字。八九年はかなり縮小したとはいえ、なお経常収支の黒字が五百七十一億ドルにも上っている。なかでも大きいのは貿易黒字で、一九八七年には世界史上最高の九百六十四億ドルにも達した。その後は国内景気の好調や官民共同の輸入拡大努力でやや減少気味だが、八九年でも七百七十一億ドルに上っている。それだけ日本の産業の国際競争力が強いのである。

現在の日本は世界の「経済三冠王」、一人当りの所得でも一人当りの資産でも産業の国際競争力でも第一位だ。これらの数値を見るかぎり、日本はまぎれもなく「経済大国」であり、われわれの社会は「人類未踏の豊かな社会」である。

そのうえ、日本は失業率も二％台、世界のなかで断然低い。欧米諸国のそれは五ないし八％、日本の三倍ほどの高さである。物価も安定している。土地や絵画は値上り著しいが、卸物は八〇年代を通じて見て値下りである。

そこまで入れると打撃面の「三冠王」に「無失策記録」と「防御率第一位」まで独り占めする「経済スーパースター」になってしまう。まさしく「経済大国」である。

しかし、日本国内に住む人々が、それほどの豊かさを実感しているかというと、どうもそうではないらしい。ほとんどの人々は、休暇も取らずあくせく働き、収入を増やすために残業を期待し、家も買えないと不満を漏らし、老後の不安に脅えている。

子供たちは、将来、安定した職場に就職したいばかりに学習塾に通い、サラリーマンは社内での生き残り競争に落ちこぼれまいとして満員電車の長距離通勤に耐え、タクシーの運転手は稼ぎのためにと分のいい無線呼び出しにかじりつく。中年の主婦にも、定年を超えた高齢者にも、働きつづけなければ食えないという人が結構多い。

日本に来る外国人が「日本人はみんな怖い顔をしている」というほど、みんなが必死に働いている。それでいて、みんながそれほど豊かな生活をしているとは思っていない。今日の日本人の生活実態は、欧米諸国に比べても遜色ないほど多くの物資と広い住宅に囲まれているのは事実だとしても、そこに住む人々がきわめつきの「豊かさ」を楽しんでいるとはいえそうにない。

国際統計の数値に表われた「人類史上未踏の豊かさ」と、みんなが怖い顔で長時間労働に耐えている「生活実感の貧しさ」との格差は、まことに大きい。

海外で〝強い〟円と国内で〝弱い〟円

円高がはじまった一九八六年ごろから、日本の「円」は全世界で巨大な威力を発揮している。日本企業がコロンビア映画などの外国企業やロックフェラー・センターをはじめとする多数の不動産を次々と買収しているだけではない。アメリカの国債でさえも、日本の金融機関の動向によって価格が左右されるほどだ。日本企業の目立った買収劇を苦々しく思うアメリカ人は多いが、日本からの資本流入がアメリカ経済の円滑な運営にはありがたいことを認めざるを得ないだろう。

何しろアメリカの貯蓄率は、昨年あたりからやや上昇したとはいえ、まだ五％前後、総家計収支が支払い超過なのだ。そのうえ、企業の借入れも増加しているし、政府財政も膨大な赤字を抱えている。これでは日本からの資金供給がなければ、連邦銀行引受債でも発行しなければならなくなってしまうだろう。

超大国のアメリカでさえそうだから、外貨不足に悩む発展途上国や経済再建を迫られるソ連・東欧などは、日本からの投融資を求めること、実に切実だ。

この国にやってくる外国首脳は、ソ連の大統領からペルーの日系人大統領まで、みな経済協力を懇願しているように報じられている。そして、それがまた、日本人の傲慢さを世界に印象づけている。

実際、一九九〇年代に、巨大な資金供給源となりそうなのは日本だけである。日本に次いで貯蓄率が高い西ドイツも、統合した東ドイツ地域への財政支出と産業再建投資、ソ連や東欧に対する借款などで、今や資金需給が逼迫、高金利によって外資の受入れを図っている有様だ。

もう一つの資金供給源だったアラブ産油国も先の湾岸戦争での出費や戦災復興で余裕がない。一バーレル二十ドル以下の石油価格が続けば、アラブ産油国の外貨収支は当分のあいだ赤字になりそうなのである。

それに比べて日本人は、貯蓄率が低下したとはいえ、なお一四%、世界十大銀行のうちの八行までが日本の銀行というほどの金融資産をもっている。その一方で、重厚長大産業が成熟期に入った日本では、企業の借入れはそれほどには伸びない。八七年以来の長期好景気で企業の利益も激増し、投資資金以上の金融資産をもつ企業が多い。一時は巨額の赤字国債を発行していた政府財政も、好景気による税収の大幅な伸びでおおいに改善された。

結果としては、日本には海外へ投融資する資金余力が生じる。この調子では、「終戦直後現象」の資金不足が予想される九〇年代には、ジャパン・マネーがますます威力を発揮することになりそうだ。

「円」の強さを表わしているのは、企業の投融資だけではない。日本人旅行者の贅沢ぶりと買い物好きも、つとに有名だ。欧米の一流ホテルは日本人団体客でいっぱいだし、ハワイの海岸は日本人所有のマンションと別荘で埋まっている。かつては欧米の富豪やアラブの王族だけを顧客としていたヨーロッパの高級ブランド店も、いまや日本の若者が行列をつくっている。

いまや年間一千万人にも達した日本からの海外旅行者のほとんどが、一流ホテルを利用し、高級料理を食べ、寸暇を惜しんで高級ブランドを買い漁るのだから、これを迎える欧米人が、「日本には限りなく富豪がいる」と錯覚するのも無理はない。外国で見る「日本円」は、まことに強いのである。

ところが、日本国内で見る「円」はきわめて貧弱だ。現在通用している福沢諭吉の肖像が入った一万円札は百二十二平方センチ弱の大きさだから、一平方メートルには八十二枚ほど並ぶ。いまやこのお札で同じ広さの土地が買えるところは、東京の通勤圏内にはほとんどない。都心への通勤時間が一時間以内の並みの環境の住宅地なら、二、三枚は重ねて置かなければならないだろう。都心のビル用地になると百万円の束をびっしり並べる値段だ。その国の最高額紙幣で、お札と同じ広さの住宅地が買えないのは、おそらく日本の大都市だけであろう。

「円」の弱さは、土地に対してだけではない。東京の銀座や大阪の北新地では、水割一杯が何万円にもなる。一万円札はグラスの底ほどの値打ちもない。ゴルフ場の会員権が数千万円とか数億円とかするうえ、毎回のフィーも欧米の数倍だ。タクシーの料金も二倍以上なら、お米の値段も四倍ぐらいする。最近では、大工さんの日当が数万円というし、コマーシャル・フィルムの制作費やパンフレットの編集費も外国に比べて何倍も高い。

外国への投資や海外旅行では、強烈な威力を発揮する日本円も、この国では風に吹かれる木の葉のように軽い存在なのだ。「外での強い円」と「内での弱い円」との格差もまた、実に大きい。

2　楽しくはない「経済大国」の生活

三重の〝内外格差〟に苛立つ平成の人々

外での評判は「傲慢な日本」、内から見れば「じっと我慢の日本」。

国際統計では「人類未踏の経済大国」、内では「豊かさの実感できない日本」。そして、外では「猛烈に強いジャパン・マネー」、内では「軽い日本のお札」。この「三重の内外格差」に、平成の日本人は苛立ちを感じている。現実が希望の正反対だからだ。

日本人は、外国での評判をひどく気にする人種だから、外国から叩かれるほど嫌なことはない。なんとか「日本は国際ルールに忠実な正義の国だ」といわれたい。外国人に「傲慢」などといわれるのも嫌だ。できることなら「もの分りのよいお助けマン」として歓迎されたい。そんな思いで努力してきたつもりなのに、現実には「日本叩き」がいっこうに収まらない。

日本人は、殊のほか経済に敏感な国民だ。それだけに「豊かさの実感できる日本」でありたいと願う気持はいたって強いが、国際統計で「経済三冠王」などになりたいとは思っていない。むしろ欧米が「美男美女の住む豊かな憧れの地」であってほしいと思う者さえ少なくない。テレビ・コマーシャルに、欧米の都市とモデルが氾濫しているのが、その証拠だ。パリやローマを背景にしたコマーシャルの後に、「今、ご覧になった街の人々は、日本の地方都市よりずっと貧しい」などと注釈が入ったら、興醒めだろう。

日本人は淋しがり屋だから、外国に住むのは苦手だ。当然、稼ぎ貯めたお金も国内でこそ使い手のある「強い通貨」であってほしい。税金が高くとも外国に資産を移す人は少ないし、老後を生活費の安い外国で過そうという人もごく少ない。だから、日本円が外国で威力があるのを喜ぶ者はほとんどいない。もし、日本円が海外でと同様の強さを日本国内で発揮するのなら、わざわざハワイに別荘を買ったり、パリや香港へ買い物旅行に行く者は少ないだろう。

要するに、現在の日本は、外では日本人が望みもしない強大な印象をもたれ、内では日本人が求めてやまない豊かさを実現していないのである。

どうしてそんなことになってしまったのか。ここ十年近く、日本人はその原因を探し求め、さまざまに対策を練ってきた。だが、結果としてはますます苛立ちが高じるばかりだ。苦労して行った自由化も、外国の「日本叩き」を和らげる効果がなかった。「傲慢」といわれないように、経済協力には世界一多くの資金を提供して相手国の要望どおりに分配してきたつもりなのに、ますます「傲慢」といわれる。東京都知事選を混乱させてまで国会を通した百十億ドルの湾岸戦争への資金協力も、「たったそれだけか」とせせら笑われている。

国内でも、ほじくり出された議論は「豊かさの実感できる社会」をつくるのには役立たなかった。合理化に努力し景気をよくした結果、土地と株価が上昇して大都市の地主は金持ちになったが、ますますマイホームは遠ざかってしまった。そしてその「金持ち」たちも、固定資産税や相続税の上昇に悩まされている。そのうえ、人手不足が激しくなり、サービスが低下し、交通の渋滞は増える一方だ。

どうしたわけか、統計上の豊かさも円の強さも、この国に住む日本人の幸せには繋がらないのである。

矛盾した日本人の〝自己イメージ〟

日本人を苛立たせている三重の「内外格差」の原因の中には、もちろん、外国での日本に関する情報の偏りや外国人の無理解もある。しかし、同時に、われわれ日本人の考えと主張にも矛盾があることを否定できない。

アメリカなどからの政策変更や構造改革の要求に、「そらまた日本叩き」と反発する日本人の心理には、「日本はうまくいっている」という思い込みがある。

「日本は経済も成長したし、技術水準も高くなった。国際競争力が強いのも、世界の企業や不動産を買う金融力があるのも、その結果だ。これほど産業が発展し経済が成長した日本の社会風土と経済体制と産業政策が間違っているはずがない」

そんな自信と満足があるからこそ、それをあれこれ変えよというアメリカは間違っている、という反発が生れるのだ。もし、日本人が、今日の状態を不幸なものだと信じていたなら、政策変更と構造改革を求めるアメリカなどに反感も反発も感じないに違いない。

明治維新の折りには、徳川幕藩体制下の日本が、経済的にも技術的にも欧米列強に比べてはるかに遅れているという認識があったから、欧米猿真似の「文明開化」政策が抵抗なく受け入れられた。太平洋戦争敗戦直後の日本人も、経済的にも軍事的にも技術の点でもはるかにアメリカに及ばないことを実感していたため、占領軍の行う強引な抜本的改革にもさほどの反発を示さなかった。最近では東欧諸国も、社会主義計画経済体制では西側諸国よりも劣ってしまったと自覚したので、西側式の市場経済体制を導入しようと焦っている。

それに比べて、今日の日本では、「アメリカの要求するように改革することが日本の消費者のためになる」と説かれても納得する者が少ない。その意味では、今日の日本人は、日本社会の現状に自信と満足を感じている、といえるだろう。そしてその根拠になっているのは、主として国際統計に表われた「経済大国」日本の姿である。

こうした日本人の自己満足は、新聞紙上にしばしば表われる「庶民の暮しの貧しさ」と、ひどく乖離している。そこでは、ごく少数の土地成り金と税金のかからない政治資金を動かせる政治家のほかは、一生働いても住宅ももてないほど貧しく、余暇を楽しむほどの時間的余裕もなく、老後の福祉も満足に受けられない不安に脅えている、といった具合に描かれている。つまり「豊かさの実感できない日本」「内では弱い円」だけが浮き彫りにされているのだ。

新聞紙上やテレビ討論に表われる政治に対する要求のほとんどは、こうした不満と不安に満ちた社会像を前提にしている。今日の日本人は、外国人には比類ない「経済大国」をつくり上げた日本式のシステムを自慢しながら、日本の政府や政治家に向っては「豊かさを実感できない」不満ばかりをぶっつけているのである。

外国に誇れるライフ・スタイルがない

これを日本人特有の「甘えの構造」といい切ることはできないだろう。今日の日本人の多くが、本当の意味での「豊かさ」を実感できないのは、おそらく事実に違いない。外国人に、産業の発展ぶりや工業製品の優秀さを自慢する日本人は多いが、日本人の生活ぶりを自慢する話はめったに聞かない。

かつて、二十世紀のはじめにイギリスが世界のリーディング・ネーションとなったときには、「ブリティッシュ・ウェイ・オブ・ライフ」は世界中で真似られた。インドやアラブの王侯たちは、紅茶を飲んでクリケットの練習をした。上海の金持ちは競馬に凝り、ボート選手を雇った。ニューヨークにはチューダー王朝風の高級住宅地ができたし、ビクトリア風の家具が流行した。ドイツやハンガリーの貴族までがイギリス式の犬追い狩猟にうつつを抜かした。オックスフォードやケンブリッジの大学に子弟を留学させることは、世界中の金持ちの希望でもあった。

第二次世界大戦の後で、アメリカが西側世界のリーダーとなってからは、「アメリカン・ライフ」が世界の憧れだった。誰もがアメリカ式のドライブを喜び、若者たちは浮れたジーンズ姿で、ホットドッグの立ち食いが恰好よいことだと思い込んだ。ジャズやロックが世界にはやり、マリリン・モンローとジョン・ウェインのファンが各国にできた。東南アジアでもヨーロッパでも、アメリカ式の名前を自称する若者が、今も非常に多い。

もちろん、二十世紀はじめの「ブリティッシュ・ウェイ・オブ・ライフ」にも、二十世紀後半の「アメリカン・ライフ」にも、インテリ層からの批判はあった。イギリス人は絵画も音楽も料理も下手だとからかわれたし、アメリカ文化は騒々しく下劣だともいわれた。だが、そんな批判が出るだけ「下劣な大衆」の憧れは強く、普及もしていたのだ。

イギリスやアメリカは、経済大国である以上に、文化と流行の発信源だった。世界中に「これこのとおり、われわれのような生活ができるようになりたまえ」というべきライフ・スタイルを、自信をもって提示できたのである。

だが、今日の日本には、日本人が自信をもって他国に薦められるようなライフ・スタイルが存在しない。「長時間の電車通勤は素晴らしい」といえるだろうか。「夜な夜な職場の仲間がカラオケ・バーに集まる喜び」を語れるだろうか。「子供たちが受験学習塾に通う嬉しさ」や「単身赴任の面白さ」を説けるだろうか。「3LDKのマンションを買うのを人生の目的とすべきだ」と主張できるだろうか。おそらく答えは「NO」だろう。

要するに、「経済大国」日本の生活は、他国に薦められるほど楽しいものではないのである。それなのに日本人は「いまの日本の体制はよいものだ」という。これを「変えろ」というアメリカの主張は、「日本を弱くするための陰謀だ」という者もいる。なかには「日本型産業政策や日本式経営を外国も学ぶべきだ」という意見さえある。だが、日本人自身でさえも、それほど楽しいとは思わない生活しかできない制度や体制を、外国に学べといっても、説得力がない。

説得力のないことを力説すれば、嫌われる。今、「日本人は傲慢だ」といわれる原因の一つは、そんなところにあるのである。

「貧困探し」では問題は解決しない

もちろん、日本もこの問題を無視してきたわけではない。むしろ、この十年間は、きわめて熱心に「豊かさを実感できない」原因、日本の生活が統計的に表われた豊かさほどには楽しくない原因を探し求めてきた。その方法は、「日本（または日本人の生活）に何が足りないから豊かさが実感できないのか」というものだった。つまり、「日本における貧困探し」をやったのである。

しかし、その結果は、ますます混迷を深めるばかりだった。まず第一に、日本人が豊かさを実感できない理由として挙げられたのは住宅事情だったが、調べてみれば、日本の住宅事情は欧米諸国に比べて必ずしも悪くはないことが分った。

現在、日本の住宅数は四千二百万戸、全世帯数を約五％も上回っている。二十年前の夢だった「一世帯一住宅」はとうの昔に達成されている。住宅の広さにしても、日本の一戸当り平均は八十九平方メートル、アメリカ、西ドイツに次いで世界第三位だ。とくに重要なことは、東京や大阪のような大都市の住宅面積が、外国の大都市に比べて広いことである。

東京通勤圏の一戸当り住宅面積は六十九平方メートル、パリやロンドンよりも広い。しかもこの中には、日本特有の「学生用ワンルーム・マンション」なるものが含まれている。外国には月に五百ドルもの家賃を払える学生がまずいないが、富み栄えた日本では七万円ぐらいの家賃はへっちゃらという贅沢な学生がごまんといる。そうした特殊用途の住宅を除外すれば、東京圏の一戸当り住宅面積は七十二平方メートルぐらいになるだろう。この事実を伝えたとき、イギリスのジャーナリストは「人口三千万人の超巨大都市としては驚異的な広さだ」と叫んだ。フランスの高名な評論家は「嘘だ、絶対にあり得ない広さだ」と怒りだした。

実際、パリやロンドンの勤労者住宅を見ると、日本の公団住宅よりもはるかに狭い。日本の駐在員は家賃会社もちで高級住宅に住むし、日本人旅行者は治安良好な都心部しか歩かない。そういうところの住宅は、たしかに面積も広いし設備もよい。だが、それが外国の平均ではない。所得や教育と同じく、住宅も外国は上下の差が大きいのである。

日本のサラリーマンの生活実態を調査したＥＣの調査報告書が書いた「日本の勤労者住宅はウサギ小屋」という言葉は、あまりにも有名になってしまったが、同じシリーズのなかでフランスの勤労者住宅を「蜂の巣」と表現している。「ウサギ小屋」は「蜂の巣」よりも大きいのである。

そのうえ、日本では持ち家比率が非常に高い。現在の持ち家比率は六〇％、統計的にはアメリカに次いで第二位だが、統計のとり方の違いを考慮すると実質は世界一だろう。そしてここでも日本の特徴は、大都市での持ち家比率が高いことだ。現在、東京の持ち家比率は約五〇％、パリの二三％、ロンドンの二五％に比べて断然高い。

要するに、日本人が豊かさを実感できないのは、住宅が足りないからでも狭いからでもない。逆にいえば、住宅が今よりも二割から三割広くなったとしても、日本人が豊かさを実感するようにはならないだろう。

最近、よくいわれる都市公園の面積や文化施設についても同様である。日本の都市に公園が少ないことはまぎれもない事実だが、その少ない公園の利用率がまた少ない。もともと「広場の文化」の伝統がない日本では、公園を利用する習慣が乏しいのだ。銀座や心斎橋の商店街を散歩する「ギンブラ」「シンブラ」を楽しむ人は昔も今も多いが、退社後に公園を歩くなどといえば、変った趣味の持ち主ではないか、と疑われたりする。

それを反映してか、日本の公園はつくりも面白くないし管理もやたらと厳しい。何より重要なことは、公園をつくることが周囲の住民から喜ばれないことだ。都市の中で新たに都市公園をつくると、「木の葉が樋に詰る」とか「虫が湧く」とか「蟬の声がうるさい」とかの苦情が絶えない。

私は都市公園を増やすのに反対なわけではないが、公園が増えたからといって日本人の生活が楽しくなるとは思えないのである。

美術館や音楽ホールについても似たようなことがいえる。一九八〇年代には「文化の時代」の掛け声に合わせて、地方自治体がやたらと美術館や多目的ホールをつくった。地方に行くと人口数万人の町に立派な回り舞台の付いた大ホールがあるが、その利用率はいたって低い。せっかくの回り舞台も何年に一度しか使われていない、という例も少なくない。なかには「市長さんがあんなものをつくって、音楽会や芝居を連れてくるから入場券を押し売りされる」という苦情さえ耳にする。

美術館も多くの県にできた。東京では区立の美術館が続々とできているが、どこへ行っても入館者はごく少ない。そもそも美術館に並べるほどの美術品がないから、新聞社などの企画展覧会に頼ることになるが、その都度、相当な赤字が出る。「文化は銭金の問題ではない」とはいうものの、入館者が少ないのでは、展覧会が増えたとしても住民の生活が楽しくなるとは思えない。文化が生活に浸透するためには、文化が大衆に支持される必要がある。特定の専門家や官僚の自己満足と知事市長の宣伝のための施設や行事を増やしてみても豊かさが実感できるわけではない。

要するに、過去十年間の経験は、これまで繰り返してきたような「貧しさ探し」では、問題の解決にはならないことを示している。もう一度基本に戻って、日本の現実を議論してみる必要があるだろう。

3　〝豊かな社会〟を実現するための条件

一人当り実質所得はアメリカ並み

前述のように、日本が「経済大国」であることを示す国際統計上の数値は多い。一人当り国民所得、一人当り資産額、国際収支の黒字、それに失業率の低さや物価の安定などである。

われわれは、長いあいだ、これらの数値から、日本は「豊かな国」だと信じていた。だが、ここに示された統計上の数字が何を意味しているのか、本当に「豊かさ」を示すにふさわしいものかを考える機会はほとんどなかった。日本人が熱心に議論してきたのは、「これらの数字で示されているほど日本は豊かなのに」という前提で、「どうしてそれを実感できないのか」という設問に対してだけである。

さらにまた、こうした数値に示されるのはすべて経済活動の「結果」だが、どのようにしてそれが形成されているかの「過程」についても、あまり議論することがなかった。つまり、人間が「豊かさ」や「貧しさ」を実感するのは統計化される「結果」であるよりは、日々の生活という

「過程」だという単純な事実を忘れていたのである。

まず、第一の問題を考えてみよう。今、日本が世界第一流と誇っている一人当りの国民所得ないし国民総生産は、日本の生産力の大きさを示している。

もっともこれには、価格評価の問題が絡むので必ずしも正確とはいえない。たとえば、日本の農業の総生産額は年間約十兆五千億円とされている。そのうち、米作が約二九％に当る三兆三百億円を占めているが、日本で生産されるお米は約一千万トン、一トン当り三十一万円になっている。ところが、現在の国際価格でお米はモミ重量一トンが二百九十六ドル、今の為替で計算して約四万四千円だ。これを玄米に換算すると六万円ぐらいになる。お米の質はさまざまだから単純にはいえないが、かりに国際価格で換算すれば日本の米作農業の総生産額は約六千億円になってしまう。

他の農作物についても、同様の問題があるので、国際価格で見た日本の農業の総生産額はせいぜい三兆五千億円程度といわれている。高価格政策によって農業を保護することの是非はともかく、農産物価格が高いのは消費者にとって不幸なことだ。ところが、そんな不幸によって国民所得や国民総生産は上がることもあるのである。

このため、国民所得を比較する場合は、現在の為替レートよりも物価を考慮した「購買力平価」を用いるべきだ、という説もある。講買力平価の見方にはさまざまな説があるが、国連の生活費統計などから勘案すると、だいたい「一ドル百八十円程度」が適当とする説が有力だ。つまり現在の為替レート「一ドル百三十五円前後」では三割ほど日本の国民所得は過大評価されている、というのである。
そうだとすれば、日本の一人当りの所得はほぼアメリカ並み、西ドイツやスイスよりはやや低く、フランスよりはやや高い。先進国のなかでは中の上程度ということになる。

価格評価の問題は、国民の資産を論じる場合には、より重大になる。前述のように、現在日本人一人当りの資産は、アメリカ人の四倍、イギリス人の五倍、西ドイツ人の六倍という大きさだが、そうなったのは最近数年間の土地と株式の値上がりのせいだ。しかし、土地や株が値上がりしたことが日本人の幸せに繋がったかというと、どうもそうではない。むしろ「ますますマイホームが遠ざかり、不幸になった」という人のほうが多い。

しかし日本の土地や株を売れば（税金などを別にすれば）外国の資産がうんと買えることも事実である。高価なダイヤモンドをもっている人は、たとえ使い途がなくとも資産家だという意味なら、日本人の資産はたしかに大きい。現にその効果を利用して、外国の会社や不動産を買い取っている日本の企業や、贅沢な海外旅行を楽しむ人々や個人は少なくないのだから、日本人の資産が大きいというのは、決して架空の数字ではない。

ただし、個人の場合なら、資産を売却すれば税金がかかることも考慮しておかねばならない。とくに土地不動産の場合は高額になれば税率が高く、案外手取りの金額は少なくなる。いわゆる「実現資産額」で見れば日本の土地持ちは、一般に信じられているほどの金持ちでもないのである。

規格大量生産型工業製品のみ国際競争力が強い

日本の経済力の巨大さを示すもう一つの数値である貿易黒字についても、似たようなことがいえる。

一九八三年以降、日本の貿易収支が巨額の黒字になっているのは事実だし、その原因が日本の工業製品の国際競争力の強さにあるのも疑いがない。しかし、これにも注釈は必要だ。前述のように現在の日本円の為替レートは、購買力平価よりも過大に評価されている。つまり、現行の為替レートでは、日本は国際水準から見て物価の高い国なのだ。それなのになぜ日本の製品にそれほどの国際競争力があるか、という点である。

この答えはいたって簡単だ。日本が国際競争力が強いのは、自動車や電機製品に代表されるような規格大量生産型の工業製品だけで、その他の商品やサービスではかなりの割高になっている、ということである。

幸いにして現在の国際貿易では、日本がもっとも得意とする規格大量生産型工業製品が主要な取引商品だから、日本には貿易黒字が発生する。もし、世界の需要構造と貿易政策が現実とは逆に、規格大量生産型の工業製品は厳しい輸入制限を認められ、農産物やサービスは自由に輸出入されることになっていたとすれば、日本はかなりの赤字となり、日本円の為替レートは一ドル四百円ぐらいになっていることだろう。

ところが、この国に住むわれわれは規格大量生産型の工業製品だけで生活しているわけではない。割高な農産物も食べれば運賃、家賃も払う。割安なはずの工業製品も、複雑な流通経路を通るので、消費者の手許に届くときには、必ずしも安くはない。日本製のカメラや電機製品をニューヨークや香港で買ったほうが安い、というような事態も珍しくはない。

つまり、今日の日本では、自動車や電機製品に代表される規格大量生産型の製造工業だけが突出して強い国際競争力と生産力を誇っている。後述するように、日本は半世紀以上ものあいだ、努力を重ねて、そのような社会をつくってきたのである。このことをどう評価するかは別として、結果として現在の日本が国際競争力の強い巨大な企業をもつ国であることは間違いない。同時にまた、貿易統計に示されているほどに産業全般が強いわけでないことも、間違いない事実なのである。

世界から尊敬されるのは、生産力より消費力だ

要するに、国際統計の数値に表われたほどではないにしても、現在の日本が世界第一流の富み栄えた国であることはたしかだ。つまり、日本は多くの面で（とくに規格大量生産型の工業の面で）生産力の巨大な国なのである。そしてその生産力で稼いだ膨大な資金をアメリカや発展途上国に貸し与えていることも事実だ。一九八〇年代の後半からは、日本は最大の資金供給国であるばかりか、途上国の援助額でも世界最大になっている。

「その割には、日本は尊敬も評価もされていないではないか。それに比べてアメリカは国際収支が大赤字で日本からの借入れでもっているようなのに、今でも世界の盟主のような顔をしている」と嘆く人は少なくない。だが、そういう人は、経済力で他人に尊敬されるのは、生産力ではなくて消費力だ、という現実を忘れているのだろう。

そのことは、自分の周囲を見回してみればすぐに分るはずだ。たとえば、六畳一間の木賃アパートに住んで、年中すりきれた服一つを着て、毎日ラーメンばかり啜っているようでは、いくら所得があるといっても周囲に尊敬されないだろう。いささかでも敬意を表してくれるのは、銀行の預金集めと証券会社か不動産会社のセールスマンぐらいだ。

人間が経済力で尊敬されるためには、やっぱり相当な豪邸に住み、運転手付きの高級車を乗り回し、料亭やクラブでチップを惜しまず、隣り近所の祭りの寄付にも十二分につきあうことが必要である。かりにその財源が親の遺産の食い潰しでも友人からの借金でも、気前よく消費する人は銀座や北新地でもてはやされる。

国とて同様で、世界から重視されるのは生産力ではなく消費力、つまり輸入量なのだ。ところが、生産力ではまぎれもなく大国である日本も、消費力になるとたいしたマーケットではない。一九八九年の日本の工業製品輸入は千六十一億ドル、アメリカ、西ドイツにはるかに劣るのはもちろん、イギリスやフランスよりも下である。

このことは、アジアの国々を回ってみるとよく分る。たとえば、どこかの経済関係の要人に会って、「来年の貴国の経済見通しは」と訊ねると、まず返ってくるのは、「来年のアメリカ経済が好調ならわが国の輸出も増加し、経済は成長するだろう」といった答えである。いの一番に「日本経済が好調なら」というアジア人はまずいない。アジアの人々でさえも、アメリカの繁栄は自国の好況に繋がると信じているが、日本の成長は自国の繁栄を助けるとは思っていないのだ。

「世界に貢献する日本」というものの、現実は必ずしもそうなっていないのである。日本は「経済大国」というが、その実態は「生産大国」、より厳密にいえば「規格型工業大国」にすぎない。生産力が大きいことは「富み栄えている」ことの証ではあっても、そこに住む人々の生活が「豊かである」印にはならない。

日本社会は効率が悪い

「日本の国際競争力の強さを見よ、世界は日本に見習え」——日本人の一部には、そんな声がある。日本の経済成長の高さと輸出競争力の強さの原因となっている日本式経営や日本の技術、日本の労働者の質のよさ、さらにはその労働者を育てた教育制度までを、賞賛する傾向はかなり強い。

そこまで露骨にいわないまでも、今日の日本の社会と企業経営を優れたものと信じている日本人は、非常に多い。日米構造協議において、日本の制度や習慣を改めるべきだというアメリカの要求に反発する声が強いのも、「これほどうまくやっている日本を変えるべきではない」という認識があるからであろう。

しかし、本当に日本はそれほどうまくいっているのかというと、経済の面に限っても、実は甚だ疑わしい。少なくとも、外国の手本になり得るほど経済効率のよい社会とは言い切れない。前述のように、生産力の点では世界一流の富み栄えた国だとしても、それだけの生産を上げるために国民が費やしている労力はきわめて多いからである。

一九八八年の日本の製造工業における平均労働時間は二千百七十三時間だった。これに対してアメリカは千九百六十二時間、旧西ドイツは千六百四十二時間である。それでいて、購買力価値で見たこの三国の一人当り国民所得はほとんど差がない。日本人は西ドイツ人の三割増し、アメリカ人の一割増し以上の労働をして、同じだけしか生産できないとすれば、日本はかなり効率が悪い社会といわざるを得ない。もし、これに通勤時間などを加えた「労働拘束時間」で測れば、この差はさらに大きくなるはずである。

今でも、日本の労働時間を年間五百時間短縮して、西ドイツ並みの年間千六百四十二時間にするとなれば、週休二日制を完全実施し、毎日の勤務時間を一時間ずつ短縮したうえ、さらに四週間の長期休暇を追加しなければならない。日本企業の多くは「今の賃金では経営困難」というだろうし、「国際競争力が低下して、輸出ができなくなる」という業種も多いに違いない。

一部の経済学者は、余暇時間を「労働者が販売しないで自己のために保留した労働力」と考え、「賃金＋余暇時間」を「豊かさ」の基準とすることを提案している。経済水準を計量する場合にも、所得の上昇ばかりではなく余暇時間の増大をも考慮すべきだ、というのである。こうした発想で各国の平均的な「豊かさ」を測るとすれば、日本の順位はかなり低いものになるだろう。

要するに、日本が誇る生産力の大きさは、国民全般の時間的貧困さによって支えられている面が大きい。「豊かさ」というものが、「富」の多寡だけではなく「時間的余裕」にも関わっているとすれば、今日の日本は、外国に対して自慢できるほど「豊かな社会」とはいえない。

もう一つ、付け加えるべき点は、今日の日本は人口構造と地理的位置に恵まれていることだ。地方自治体や企業の賃金水準を比較するのに、「ラスパイレス指数」というのがよく使われる。単純な平均賃金で比較すると、各職場の従業員の年齢構成や学歴、職歴の違いが無視されるので、それぞれの職場の差を修正して比較するためのものである。

各国の一人当り所得を比較する場合にも、同様の発想がある。たとえば、十五歳未満の子供や六十五歳以上の老人などの「従属人口」の比率が低い国は、働いている人一人ひとりの所得は低くとも、国民一人当り平均所得は高くなる。しかし、そんな国も、高齢化が進み老人比率が高くなると、働く人々の賃金は同じでも国民一人当りで割った平均所得は下がる。

こうした観点から見ると、現在の日本はきわめて良好な人口構造をもっている。老人人口は増加したとはいえまだ一一%、逆に十五歳未満の人口比率は大幅に減少して一九%、十五歳から六十四歳までの「適働人口」比率が非常に高い。それだけに高齢化が進む将来が心配されているわけだ。

ところが、旧西ドイツは、六十五歳以上の人口が一七%、二〇〇五年ごろの日本の状態がすでに実現してしまっている。それにもかかわらず、一人当りの国民所得水準は、日本とほぼ同じである。この点を考慮すれば、日本社会の効率の悪さはいよいよ鮮明になるだろう。

豊かな社会の実現には「選択の自由」が必要だ

しかし、何といっても「豊かさ」の基準のなかで重要なのは、それぞれの人が「好み」を満たす「選択の自由」が存在するかどうかである。個人の愛情や集団の信仰などという精神的な部分を除いて、社会経済学的に「豊かさ」というものを考えるならば、「それぞれの好みを満たし得る度合い」に還元できるからである。

ごく貧困な状態においては、経済はまず生存のために奉仕する。いわば「食える」ことが最低限の「豊かさ」なのだ。だが、今日の先進工業国はみな、この水準をはるかに超えている。では、それ以上の「豊かさ」は何のために使われるのかといえば、人間それぞれの「好み」を満たすためだ。

生命を保つためのカロリー吸収なら、消化できる限り何でもいいのだが、あえて高価な食べ物を求めるのは「美味しい」という味覚の「好み」や「有名品」という満足度を味わいたい「好み」のためである。寒暖に耐えて生命を保つだけならどんな衣服でも量さえあれば足り得るが、わざわざ高価なブランド衣料を買うのは、デザインやブランドに対する「好み」のためだ。音響機器やビデオをもちたいのも、「好み」の音楽と映像を見るためである。

つまり、生存と家族の扶養に必要な最低限の物的消費を満たす以上の所得は、それぞれが自らの好みを実現するための手段なのだ。所得の高い人が羨ましがられるのは、好みの食事、好みの衣服、好みの自動車や好みの機器を経済的な支障なく入手する可能性をもっているからである。余暇時間が「豊かさ」を考えるうえで重要なのも、「好み」を満たすためには時間的余裕が必要だからだ。勤務時間が短縮されても、そのぶんだけ強制収容所に入らなければならないのでは、まったく意味がない。

いうまでもなく、人間の好みは千差万別、人それぞれに違っている。したがって、本当にすべての人々が「好み」を満たせるためには、経済的な所得や時間的な余暇があるだけでなく、「好み」の財（物品やサービス）を選択できる多様な供給がなければならない。たとえば、日本料理が「好み」の人にとっては、日本料理屋もなければ、その材料も売っていない社会の食生活は、決して「豊か」ではない。映画ファンには、映画館もビデオもない社会は貧困である。どんなに施設をよくしても、選択の自由のない監獄は、やっぱり「豊かな生活」の場とはいえない。

つまり、本当の「豊かな社会」であるためには、そこに住む人々が「好み」の財を買えるお金があり、「好み」のことをできるだけの余暇があるだけではなく、お金と時間さえあれば、「好み」が満たせる多様な供給があり、選択の自由があることが必要である。残念ながら現在の日本は、多くの分野で選択の自由が少ない。学校も小売店も、医療施設もリゾートも、種類が少ないからである。

国際統計に表われた数値は幾分かの修正が必要としても、基本的には日本が富み栄えた国であることは間違いない。だが、その「富」を、生活の「豊かさ」に結びつける時間的余裕と選択の自由が、この国には少ない。それこそが、日本人の多くが「豊かさを実感できない」原因なのである。

われわれが急がなければならないのは、公園の面積や美術館の数を増やすことではなく、人々が「好み」を満たし得る「選択の自由」を広げることである。

第六章　最適工業社会の繁栄と難渋

統計上の高い数値と豊かさを実感できない生活、強い輸出競争力と長時間労働を強いられる社会的非効率、「じっと我慢の子」の自己イメージと「傲慢な日本」という世界の批判。こうした三重の格差を生み出したのは、日本には「富み栄える仕組み」はあるが、「豊かさを実感する仕組み」が欠けているからだ。この国には、規格大量生産の工業には最適の社会だが、人々に幸せを感じさせる選択の自由が乏しいのである。

世界の流れが工業社会から知価社会へと向っている今、日本も「好み」を満たせる選択の幅広い社会に改めなければならない、しかし、それは決して容易なことではない。日本には昭和十六年以来積み上げられてきた「官僚主導型業界協調体制（官導体制）」が、がっちりと組み立てられている。そしてそれを支える倫理と美意識、制度と組織、権限と利権の構造が定着しているのである。

1　昭和の日本をつくった「明治の幸運」

「日本は富んではいるが豊かではない」と、前章では書いた。

今日の日本は、物財の生産力は大きいが、消費力はそれほどでもない。だから、金持ちになっても世界から尊敬されることがない。技術は優れているというが、社会全体としての効率はよくない。だから、旧西ドイツ人の三割増しの長時間労働をして、やっと同じ程度の成果しか得られない。物財の量は多いが、種類は少ない。だから、溢れんばかりの物財に囲まれながらも、好みが満たせない。要するに、富んではいるが豊かではない。金持ちになっても幸せの実感が乏しい。

われわれは、過去十年間、豊かさを実感できないのは、住宅が狭いからだとか、道路や公園が足りないからだとか、不足な物財を探してきたが、そこからは解決への糸口も見つけられなかった。日本の問題点は物財の不足にあるのではなく、「豊かさを実感する」仕組みが欠けている点にあるからである。

では、どうしてそうなったのか、そのような状況で、これからの世界と社会の変化に対応できるだろうか。対応するためには、どこをどう改善すればよいのか。それがこれからの主題である。

「富国」をめざした経済政策

まず、第一の設問の答えは簡単だ。これまでの日本は、富むための仕組みに徹し、豊かさを実感するための仕組みをつくろうとしなかったことだ。では、どうしてそうだったのかに答えるのは、それほど簡単ではない。これには、日本の近代化の道程が深く関わっているからである。

前章でも書いたように、「富む」とは、生産力を拡大し、所得を向上させ、資産を増大させることだ。「豊か」とは、人それぞれの「好み」が満たせることだ。「富む」ことは、「好み」を満たすための物財やサービスを入手できる経済的可能性を得るという意味で、「豊か」になるための必要条件の一つには違いないが、決して十分な条件ではない。「好み」を満たすためには、経済的可能性だけではなく、時間的余裕と選択の自由が必要なのである。

今日の日本には、生産力を拡大するための仕組みは十二分にできているが、時間的余裕と選択の自由を広げる仕組みはほとんど存在しない。長いあいだ、われわれ日本人は、富み栄えれば必ず豊かになると信じてきたが、現実に富んでみると、豊かさが自動的に実現するものではないことが明らかになった。

そもそも日本人は、「豊かさ」を社会運営の主要な目標の一つと考えてはいなかった。見方によっては、今もまだそうなっていない、といえるかもしれない。

古代の奈良時代や戦国時代には、そうした考え方もあったようだが、徳川時代にはきわめて希薄になっていた。この時代の主要な社会目標は、「豊かさ」ではなく「安定」であった。とくにその中期、享保（十八世紀前半）以降には「豊かさ」の追求は下劣なこと、時には悪徳とさえ見なされた。限られた土地と資源と技術条件の下では、各人各組織が「豊かさ」を追求すれば、社会の「安定」が維持できなくなるからである。

徳川幕藩体制では、いささかでも「安定」を乱す恐れがあることは、「悪」として抑圧され、規制された。外国貿易や海外渡航はもちろん、国内の物流や旅行でさえも最小限に留める方策が採られていた。複数の帆柱をもつ船舶の建造を禁止したのも、大井川に橋を架けなかったのも、飛脚に馬を使わせなかったのも、このためである。

「安定」は、深い心理の底で「結果の平等」に通じている。「安定」した社会では、現在の同等者のあいだに将来も格差が生じることは少ない。人間は、生れついての格差は納得できても、記憶の残る期間に生じた格差には嫉妬を禁じ得ないものだ。「安定」を第一とする徳川幕藩体制が二世紀半も続いた原因の一つは、そうした意味での平等感に支えられていたからであろう。この時代につくられた芝居や講談の悪役は、たいてい、やり手の成り上がり者、つまり記憶の残る期間に格差をつくった嫉妬の対象である。

ところが、一八五三年に浦賀沖に現われたアメリカの太平洋艦隊司令官ペリーは、「豊かさ」を社会の目標とする「近代工業社会」の概念（コンセプト）をもち込んだ。「日本人よ、現状の安定ばかりにこだわらず、より豊かな社会をめざして欧米との通商をはじめるべきだ」と強要したのである。

その当時の欧米では、客観的に事物を観察して原因と構造を追求する「科学する心」と、その結果を応用して物財の産出量を増やすことを正義とする「効率の倫理」が、すでに定着していた。つまり、近代工業社会の概念ができあがっていたのである。ペリーがそれを日本にも勧めたのは、近代文明を信奉する欧米人の傲慢と善意のせいだったろうが、日本側の反発は強かった。

すでにかなり高度な手工業と金融制度をもっていた日本では、これに共感する人々もいたはずだが、驚きと不安のほうが強かった。幕藩体制の行き詰りを感じていた人々も、外国からの提案を鵜呑みにするのには、屈辱を感じざるを得なかったのだ。このため、ペリーの提案に対する最初の反応は、「外国に蔑（さげす）まれない国をつくりたい」というものだった。その気分が、武力によって黒船を撃退することで日本の強さを見せよう、という攘夷運動を生んだ。

だが、この主張を文字どおりに実行した長州や薩摩は、欧米艦隊の反撃にあって大敗。武力を強化するためには近代装備の軍隊をもつ必要があることを思い知らされた。このため、馬関、薩英の戦争の後では、幕府や諸藩が軍艦、大砲の輸入に狂奔した。

しかし、近代装備は高価である。大量の軍艦や大砲を揃えるためには膨大な外貨がいる。その調達のためには、近代産業を興し輸出を拡大しなければならない。それにはまず、近代的な工業技術と社会制度を学ばなければならない。「維新の志士」と呼ばれた人々は、何度かの試行錯誤の後にそんな結論に達した。熱心な攘夷論者であった志士の多くが、明治政府の成立とともに文明開化を唱えだしたのは、このためである。

「富国」は「強兵」と結びつくことで、「強兵」は民族意識を利用することで、重要な政策目標になった。したがって、明治の経済政策の目標は、「富国」(富んだ国)であって、「豊国」(豊かな社会)ではなかった。つまり「外国に蔑まれない国づくり」という民族主義的発想から、「富むための仕組み」をつくろうとしたのである。

もっとも、これは明治初期に限っての話であって、日本が長くそこに留まっていたわけではない。近代社会の技術と制度を急速に導入した日本は、知識と倫理のうえでも近代工業社会になじみ、富み栄えること自体を重要な社会目標とするが、それでもなお、「強兵のための富国」という思想が強く残った。さまざまな摩擦をも生みだした富み栄える仕組みを、「強兵のため」という建前で民族感情に訴えることで正当化する必要があったからだ。

ここで重要なことは、明治維新が、「安定」をコンセプトとした徳川幕藩体制を否定し、文明開化に踏み切ることで、「効率」を主要な社会コンセプトにした点であり、それがほとんど無意識に行われていたことである。「効率」が主要な目標の一つとなったことは、その後の日本社会の方向を決定する重大事だったが、それが十分に意識されないままに取り入れられたために、後に複雑な様相をつくることにもなったのである。

近代文明の「総家元」となった明治政府

「富み栄えた国づくり」のために明治政府がまず採った政策は、いわゆる殖産興業政策だった。つまり欧米の近代的な工業技術と社会制度を導入し、その周辺に資本と人材を集めることである。

この政策は、短時間にかなりの成果を上げた。自らオリジナルな文化を創造した経験の乏しい日本人には、文化を体系的に考える習慣がなかったお陰で、欧米の技術と制度だけをそっくりそのまま真似ることができたのだ。欧米で産業革命が進展していた十八世紀後半から十九世紀にかけての時期には、全世界が欧米近代文明と接触した。トルコもペルシャもインドも中国も、日本よりはるかに早くはるかに濃密に欧米文明と接触している。

だが、自らオリジナルな文化を創造したこれらの国では、文化が体系的なものであることがよく知られていたため、技術と制度だけをそっくり真似るような器用なことはできなかった。これらの国では、欧米の技術や制度の導入が、どのような社会変革を結果するかが大議論となり、かえって社会的混乱を生んだ。

もう一つ、徳川幕藩体制という閉鎖された安定志向社会の中で育った美意識や仕組みが、欧米の技術や制度の導入と普及に役立ったことも見逃せない。

安定を志向する社会では、伝承と権威が重んじられ、独創と個性が嫌われる。このため徳川時代にはあらゆるものが様式化され権威化された。学問も芸術も、武道も遊芸も、様式化する「型の文化」が定着、家元制によって権威化された。つまり、文化と教育にヒエラルヒー的人脈構造ができていたわけである。

このことが文化の普及に果した役割は大きい。様式化のお陰で誰もが容易に初級の知識と技能を習得できたので、下級の教師が大量につくれたからだ。徳川時代の末期には、どの藩にも寺子屋があり、茶華道詩歌に通じる好き者がおり、剣道柔術の道場があった。明治維新の年、一八六八年に日本ではすでに男性の四〇%、女性の二五%が寺子屋等の教育機関に通った経験があり、読み書き算盤ができた。同年には、世界でもっとも進んだ工業国であったイギリスでも、教育機関に通った経験をもつのは男性の二五%程度にすぎなかった。そのころはまだ、女性の入学できる教育機関がヨーロッパにはほとんどなかったのである。

明治維新の時点で、日本はすでに世界最高の「教育大国」だった。日本がごく短期間に、近代社会に必要な大量の中堅技師や下級官僚を生みだすことができたのはこのためだ。その点でも、明治以降の日本の近代化は、今日の発展途上国の経済開発や行政整備とまったく様相を異にしている。

だが、文化の様式化と権威化は、個性と独創性を抑圧する。この国では、先達を真似るのではない独創を「我流」と呼ぶが、この言葉にはつねに軽蔑の響きが籠っている。権威をもって文化を語るためには、確立された古き様式を真似なければならない。明治維新における社会体制の変革は多くの古い権威を失わせたが、模倣尊重の気風は残った。失われた古き権威に代って入ってきたのが、欧米の近代的な技術と制度だった。つまり、各分野で欧米の技術や知識を早く学んだ人々が、「新たな家元」となったのである。

欧米近代文明の導入に熱心だった明治政府は、欧米文明の「新たな家元」を政府と国立機関に集めるとともに、多くの官僚たちを留学させて各分野の技術と制度を学ばせた。その結果、明治政府は、単なる政治行政機関ではなく、近代文明の巨大な権威の中枢、いわば「近代文明の総家元」にさえなった。

その半面で明治政府が天皇制を賞揚したのは、外来文明の「新たな家元」に民族主義的色彩を付与する粉飾だったといってよい。この国では、外来文明の家元が、日本文化においても誰よりも高い権威をもち得たわけだ。

要するに、安定志向の徳川社会に生れた様式化と権威主義の仕組みが、政府の選んだ新しい技術や優れた製品を、国民を教唆指導する啓蒙主義に活用させたのだ。これは技術と制度の導入に役立ったばかりか、その後の「富み栄えた国」を形成する仕組みをつくる下地にもなった。その影響は今日に至っても大きく、日本人の創造性と個性を抑圧し、富み栄えても豊かにならない仕組みを温存する方向に作用している。

維新開国がもう二十年遅かったら?

一九九〇年は「国会制定百年」であった。明治二十三年(一八九〇年)に第一回帝国議会が開催されてから、ちょうど百年になった。もし、明治という元号が続いていれば、一九九〇年は明治百二十三年なのである。

この百二十三年間の日本の歩みを見ると、当初五十年間(一八六八年から一九一八年)は非常に幸運だった。現在の日本の経済的成功から、明治時代の改革や制度の確立を高く評価する人々が多いが、子細に見るとずいぶん乱暴なこともしている。明治の政治家には今日とは桁違いに露骨な汚職をやった者もいるし、無茶苦茶な財政運営をした者もいる。技術的基礎もないままに大事業を行った例も多いし、精神を知らずに形式だけを真似た失敗も多い。それでも当時の日本で賞賛できるのは、勇気と決断に富んでいたことだ。そしてそれが、大筋において当った。世界史の中での日本が、真に幸運な位置にいたからである。

明治の幸運はまず、そのはじまりである。日本が幕末維新の混乱期にあったとき、欧米ではイタリア独立戦争や普墺戦争、普仏戦争などが続き、アメリカでは南北戦争があった。このため、ヨーロッパ列強が日本に干渉する余裕がなかった。日本の維新開国がもう二十年遅かったら、この国は欧米列強の植民地獲得競争の対象となり、国内戦争と国土の分裂を招いていたかもしれない。

その中で比較的余裕があったのは、ヨーロッパ大陸の戦争から距離を保っていたイギリスである。このため、明治の日本は、ほとんど自動的に「イギリス陣営」に所属することになり、やがて日英同盟を結んだ。そしてそのことがまた、日本に第二の幸運をもたらした。開国間もない日本が技術を導入できたのも外資を借りられたのも、日清、日露の戦いに勝てたのも、日英同盟があったればこそだ。

もし日本の開国がもう二十年早かったなら、日本はフランスかドイツの陣営に属した可能性が高い。明治政府が選んだ啓蒙主義は、フランスやドイツで実行されていた体制だったからだ。日本は、政治体制でも軍事制度でもドイツ帝国に学ぶことが多かったが、歴史的偶然から国際政治の同盟関係だけはイギリス陣営に所属した。そしてそれがもっとも有利な国際的位置を確保させる結果になったのである。

財政の面からみても、このことはよく分る。明治維新から五十年のあいだに日本は深刻な財政危機に二度見舞われた。文明開化の放漫財政を引き締めた「松方不況」の後の明治二十年代後半と、財政硬直化が現われだした明治末期から大正はじめの時期とである。これを乗り切れたのは、戦争のお陰だ。前者は日清戦争によって得た清国からの賠償金、後者は第一次世界大戦での軍需ブームである。もしこの二度の突発事件で巨額の外貨が入らなければ、日本は対外債務の支払えない倒産国家になっていたかもしれない。明治の顕官たちが行った気宇壮大な決断が当ったのは、この結果である。

経済内政につきまとう認識と現実の落差

「すべてがすべてと関連している」というのが、社会現象の本性である。自然現象では、他の条件を同一にして特定の現象だけを引き起す実験も可能だが、社会現象においてはそれすら不可能だ。ましてや現実の社会においては、一つの分野での変化は他の分野にも必ず影響する。つまり一つの社会の文化は、つねに体系的なのである。

明治の初期に、欧米の近代的な技術と制度を導入したとき、日本人はそれが国民の倫理や美意識にどんな影響を与えるかなど、ほとんど考えていなかった。だが、導入された技術と制度は、日本人の思惑とは関係なく、全社会的な変化を生みだしていった。

近代工業ができると成り金が誕生、貧富の格差は拡大した。鉄道や電信が普及すると、人と物と情報の都市集中がはじまった。近代的な学校制度が広まると、家族の役割にも変化が生じた。そしてそれによって、百五十年間も安定していた人口が急増に向いだした。

こうした変化ができてしまうと、それを前提とした政治が必要になり倫理が生れる。とくに増加する人口を養うことは政府と社会と家族の重大な課題になった。このため、明治後半になると、誰もが変化を許容し効率を重んじるようになった。近代化に向って走りだした日本は、徳川時代の第一の社会コンセプトであった「安定」を放棄し、「進歩」、つまり効率の向上を重要なコンセプトとした。そしてそれがまた軍備の強化と国威の発揚を正義とする倫理を生んだ。増加する人口を養い、よりいっそうの効率を達成するためには、海外市場の拡大と植民地権益の擁護が必要に思えたからだ。

日本のように限定された国土の中に長く閉じ籠っていた国民が、四十年や五十年でこうした変化を許容し実現するのは困難なことだったが、明治以来の幸運は、それを可能にした。とくに一九一四年、日本の財政と産業が行き詰っていたときに勃発した第一次世界大戦の効果は決定的だった。ヨーロッパからの軍需品の発注とヨーロッパ諸国が撤退したアジア市場への輸出拡大によって、産業は活況を呈し外貨事情は急好転した。設備投資が進み、新たな産業が興り、新興成り金が続出した。

一九一八年、第一次世界大戦が終了したとき、日本は「東洋の強国」となり、「外国に蔑まれない国づくり」にはすでに成功したかに見えた。それ以降の日本の外交軍事政策には、そうした日本人の自信と外国人の見る日本評価との格差が大きく作用している。

同時にまた、第一次世界大戦中の好景気で、日本は近代工業の全面的な確立にも成功できる能力と体制を備えているかのように思えた。だが、現実には、当時の日本の経済と社会は、ごく浅い上澄みだけの近代化に留まっていた。その後の日本の経済内政には、日本人の認識と現実の落差がつきまとうことになる。

しかし、「明治の幸運」の余韻も、この辺りで終りであった。第一次世界大戦によって世界は一変、日本は体制的にも国際政治においても孤立していたのである。

自由主義と啓蒙主義が激突した第一次世界大戦

第一次世界大戦は、十八世紀以来の近代社会における二つの思想的体制的な流れの激突であった。

近代社会は、「財」の豊富なことを幸せとする倫理に支えられている。ここでは、社会全体の物財供給を増大することが正義と信じられているし、サービスの総量を拡大する利便さがありがたいことだと思われている。今日、われわれが無条件に賞賛している経済成長や生産性の向上は、社会の「財」の増加を意味することだ。ここで「合理的」といわれるのは「財」の供給拡大に適した方法のことであり、「非合理な因習」として排斥するのはそれを妨げる伝統や習慣のことである。

この近代思想の中にも、その目的を達成するための社会体制と政策決定の方法をめぐって、早くから二つの考え方があった。一つは、商品や技術の優劣は消費者大衆の選択に委ねる自由経済思想である。これには、「適者繁栄」のダーウィニズム的進化論の発想が含まれている。それが政治の場に応用されれば、政権担当者を国民大衆の選択に委ねる民主主義となるだろう。自ら産業革命の先頭を切ったイギリスでは、他に模範とするものがなかっただけに、この思想が強かった。自由貿易の理論や進化論および議会制民主主義がイギリスから起ったのは故のないことではない。

もう一つは、商品の適性や技術の優劣は無知な大衆が選べるようなものではない、専門的な知識と広い情報をもつエリートが選別し、優れたものを国民大衆に教え広めるべきだという啓蒙主義の思想である。イギリスに遅れて産業革命に乗りだした国々、とくにドイツやオーストリアではこの考え方が強かった。そしてそこでは、専門的な知識と広い情報をもつエリートとは、主として国家機関に所属する官僚を指していた。したがって、啓蒙主義は知識と能力をもつ官僚が政治を主導する官僚主義政治に繋がっている。産業政策や社会保険制度など、国家主導型の産業政策と国民保護がドイツからはじまったのも不思議ではあるまい。

ドイツよりもさらに遅れて近代工業化に乗りだした日本は、当然のようにドイツ型の啓蒙主義体制を採用、より徹底的に実行したのは、決して間違いではなかっただろう。明治の初期には、この国で自由経済と民主主義を実行する社会慣習と人材とが欠如していたからである。

十八世紀以来のヨーロッパの進歩的政治思想の中での主要な対立は、自由主義と啓蒙主義、民主主義と官僚主義のあいだで起っていた。第一次世界大戦は、この対立に決着をつける戦いだったといってよい。

もっとも、すべての大規模な政治事件がそうであるように、第一次世界大戦も単純に経済政治体制だけで敵味方が分れたわけではない。体制的には官僚支配が強いフランスや日本はイギリス陣営の「連合国」に属したし、啓蒙主義以前の状態にあったトルコはドイツ陣営の「同盟国」になった。

だが、戦争の結果は、すべての国に同じような影響を与えた。ドイツやオーストリアではもちろん、フランスやイタリアでも、中世的枠組みに近代的実態を注いだ貴族社会は崩壊、労働大衆の勢力が強い大衆社会が出現してエリート優先の啓蒙主義は消滅したのである。

第一次世界大戦がはじまるまで、ドイツやフランスの官僚政治家と軍事専門家は、「次の戦争」も普墺戦争や普仏戦争のような十九世紀型の短期決戦で終ると考えていた。だが、現実の戦争は、大衆の動員なくしては遂行不能な長期総力戦になってしまった。政治・軍事のエリートたちの無知と無能と無力が暴露されたわけだ。しかもその結果は、啓蒙主義の二大帝国、ドイツとオーストリア・ハンガリーの敗北と消滅だった。官僚主導型の啓蒙主義は、理論的にも実際的にもその正当性を失ってしまったのである。

それに代って、大戦後には、多くの犠牲を強いられた勤労大衆の政治意識と発言権が強まった。戦勝国のイギリスでは労働階級の権利意識と政治要求が高まり、マクドナルドを首班とする労働党内閣が誕生する。イタリアやフランスでも労働運動が激化、しばしば流血事件を起した。それがやがてイタリアではファシスト政権を、フランスでは人民戦線内閣を、誕生させることになる。とくに敗戦国のドイツでは、大衆運動自体が四分五裂の大混乱に陥った。ナチスの台頭はそんな背景で起ったのである。

「幸運」は理性を妨げる

この間にあって、体制的にはもっとも厳格な啓蒙主義を採りながら、歴史的偶然から国際政治のうえではイギリス陣営に属した日本は、幸いにも戦勝国の位置を得ることができたが、思想的体制的には孤立していた。だが、そのことを理解していた日本人はほとんどいなかった。第一次世界大戦が、自由主義対啓蒙主義の戦いと見抜けた政治家官僚さえ少なかった。

このため、ヨーロッパの大衆化の風潮が、戦後現象として流行した大衆的軽薄文化とともに流入、自由経済体制と民主主義の要求が強まるのを苦々しく思うエリート主義者も多かった。なかでも官僚政治家たちは、これに不安と焦燥を感じた。明治以来半世紀、「近代文明の総家元」としての権威と権限とを掌握してきた官僚たちは、無知で下劣な大衆の選択に、社会文化と国家の針路を委ねる気にはなれなかった。

そのうえ、この時期にはすでに、官僚養成課程が確立、軍人社会も文官組織も、著しく共同体化していた。彼らの目は、国家の行く末よりも自分たちの共同体、軍部や官僚組織の盛衰のほうに注がれていたのである。

しかし、第一次世界大戦後の世界構造は、欧米諸国で進行する大衆化、つまり自由と民主主義の方向に偏っていく。それまでは、ドイツやロシアに対抗するために、啓蒙主義の日本をも自陣営に抱え込んでいたイギリスも、対戦相手がなくなると冷淡になった。戦争には勝ったが経済的には疲弊し、政治的には労働階級の勢力が強まっていたイギリスでは、国際政治上の有利さを説くことで、大衆の感情を無視することも難しくなっていた。

より顕在的な国際政治の面でも、重大な変化が生じていた。ドイツ、オーストリア、ロシアの三大帝国の消滅によって、対戦相手がなくなったイギリスは、もはや日本をその陣営に抱え込む必要を感じなくなった。

このため、一九二〇年には日英同盟も廃棄され、ワシントン九カ国条約に代ってしまう。つまり、新しい世界構造と国際秩序の再編成がはじまっていたのである。だが、当時の日本には、そのことを理解する政治家や官僚は少なかった。彼らの多くは、「東洋の強国」となった自国の位置に過剰な自信をもっていた。明治以来の幸運続きに、理性的な判断を妨げられていた、といってよいだろう。

反感と懐疑をもたらした「大正デモクラシー」

第一次世界大戦終了から昭和のはじめにかけての約十年間は、戸惑いの時期であった。

この時点で日本には二つの選択肢があった。一つは、世界の潮流に順応して啓蒙主義体制を放棄し、自由経済と民主主義の方向に転換する道であり、もう一つは、世界の潮流に反して啓蒙主義体制を強化、官僚の主導で近代工業に適した規格大量生産社会を形成する道である。後者は「富国強兵」の徹底強化であり、前者は選択の自由に富んだ「豊かで自堕落な社会」への転換であった、といってよい。

現実の歴史においては、日本は後者の道を選び、結果的には太平洋戦争へとひた走ることになるのだが、「大正」と呼ばれた時期の日本には、軍備の縮小、言論の自由化、普通選挙の実施など、自由経済と民主主義への動きもあった。

だが、この道をさらに進んでいたなら、昭和初期の日本はより深刻な国内対立と不況に見舞われていただろう。体制の転換には、確立された権威の破壊と既得権の強奪が不可避だからである。

たとえば、第一次世界大戦後に行われた「大正軍縮」は、太平洋戦争敗北以前に行われたほとんど唯一の本格的軍縮だったが、これに対する軍人社会の失望と怒りは実に大きかった。当時陸軍大臣だった宇垣一成が、それから十五年後の昭和十二年に首相に推挙されたときにも、陸軍将校団は一致して陸軍大臣就任を拒否、この大先輩の組閣を阻止したほどである。

軍縮は、単なる兵器兵員の削減や予算の縮小ではない。軍人社会でしか生きられない専門家（職業軍人）の出世の可能性と社会的地位を引き下げることでもある。したがってこれは、軍人自身の士気の低下と、その家族や父兄の落胆を伴う。農村の優秀な青少年にとって最大の出世の道が軍人であった明治大正の社会心理の中では、陸軍四箇師団の削減と海軍が計画していた巡洋戦艦四隻の放棄だけでも相当の混乱が巻き起った。

ベトナム戦争後のアメリカでも、最近のソ連でも、大幅な軍縮を行った場合には、必ず軍人社会の失望と軍隊内部の士気低下が起る。当時の日本の国際的地位と経済的実力とを考慮すれば、継続的な軍縮は、明治の目標であった「外国に蔑まれない国づくり」自体を放棄する覚悟でなければできない重大問題だったのである。

同様のことは、啓蒙主義体制を転換する場合にもあった。啓蒙主義を排して自由経済体制を強化するとなれば、官僚の権限を縮小して企業家の自由な活動を容認しなければならない。いわば試験によって選ばれたエリートよりも無知で下劣な投機成功者を尊重する必要がある。明治以来、「近代文明の総家元」としての権威をもってきた官僚の権威を引き下げることには、当の官僚ばかりか日本国民全体の反発があった。官僚こそは、貧しくも優れた能力をもつ青少年に開かれた立身の道だったからだ。

何より重大な問題は、自由経済が不可避的に貧富の格差を生みだすことだ。自由経済が主張する「機会の平等」（または「法の前での平等」）の下での自由競争は、必然的に優勝劣敗を生み、が必要だったのである。

第一次世界大戦後の十年間、「大正デモクラシー」といわれた期間に、日本はごく少しだけ自由と民主の方向へ歩んでみた。だが、その結果は、日本人多数の倫理観が許容できるものではなかった。自由経済は下劣な成り金を生み、多くの銀行は創設者一族の事業に奉仕するだけの機関銀行と化した。帝国議会では党派抗争が激化し、金権汚職の噂が絶えなかった。相次ぐ不況と不運な震災が経済運営を困難にし、国民を苛立たせた。そんなことが国民多数に自由と民主に対する反感と懐疑をもたらすことにもなった。日本人にはまだ、「選択の自由」のために「結果の不平等」と「自己責任」の重荷を担うほどの精神的用意ができていなかったのである。

大正の不運によって自由経済と民主主義を諦めた日本は、昭和に入るころから再び官僚主導の啓蒙主義と民族主義的軍事強国への道を進むようになった。それは、当時の国際環境からみれば孤立化の方向だったが、それを深刻に考えるほどの広い視野と長期にわたる先見性を備えた政治家や官僚は少なかった。個人的にはいたとしても、それを遂行するために自らが帰属する職業共同体の権限縮小と予算削減を主張し実現するほどの能力と勇気と頑強さをもちあわせていなかった。国民の多くも、私利私欲に走る企業家と党争に明け暮れる議会政治家よりも、試験合格者集団としての軍人と官僚を信頼していた。

戦後になって、日本を「戦争への道」に導いた戦前の指導者を非難し、国民大衆には何の罪もなかったという議論が盛んになったが、現実はそれほど単純なものではない。言論統制が比較的緩やかだった大正デモクラシーの時代においても、自由経済への批判と民族主義的強国への憧れは強かった。そうした「世論」こそが官僚や軍人に、自由経済と議会制民主主義を抑圧する権威と権力を与えたのである。

昭和のはじめに、日本が自由経済と民主主義の方向を推し進めていたとすれば、内部的な混乱は大きかったに違いない。経済の不況はより深刻になったであろうし、政治の混乱はもっと激しかったであろう。だが、それがどんなに大きなものであったとしても、太平洋戦争を引き起すよりはよかったことは間違いない。その意味では、当時の社会状況や国際環境を理由に日本が行った侵略的な戦争を肯定することはできない。

私は、大正・昭和の政治家や官僚、軍人が、自由と民主の道を選ばなかったことを残念に思う。だが、その故をもって当時の日本の指導者が著しく無能だったと結論する気にもなれない。民族主義と官僚統制の方向を選んだのは日本だけではない。ドイツもイタリアもスペインも、いわゆる後進資本主義国は、みな同じ方向に走った。所詮、政治家も官僚も軍人も、自己の利益と安全を願う人間であれば、神のごとき先見性と無私の勇気を期待するのは無理なのである。国家と社会とを正しく導くためには、国民が問題の全体像を明確に意識する冷静さと賢明さをもつ必要があるのだ。

このことを敢えて強調するのは、今、この一九九〇年代に、日本はまた、似たような局面に遭遇する可能性が強いと思うからである。

2　昭和の終焉——最適工業社会の苛立ち

近代工業社会に不可欠な三つの構造変革

明治の日本は、数々の幸運に支えられて、近代技術と近代制度を導入し、いくつかの近代工業を興すことに成功した。しかし、それはまだごく上澄みだけの近代化にすぎなかった。大正が終ろうとする時点でも、近代工業の従事者はごく少なかったばかりか、生涯を託するにふさわしい産業とは思われていなかった。当時の日本では、工場勤めは農家の次男、三男や娘が一時的に行う労賃稼ぎとしか考えられていなかった。

外国から技術や制度を導入し、現にある資金と人材を集めるだけでは、所詮、上澄みの工業化の域を出ない。社会全体を近代工業社会にするためには、工業を自転的に拡大発展させる社会的仕組みを確立しなければならない。それには、より本質的でより困難な三つの構造変革が不可欠である。

まず第一は、大企業の育成だ。大型の機械を組織的に利用する工場制工業生産を行う近代工業を拡大するためには、資本蓄積の仕組みが必要だ。それも各人が百万円ずつもっていたのでは大規模投資はできない。それを一カ所に集中する金融制度とマネージメントする組織、つまり大企業が不可欠である。

第二は、全国的な統合市場の形成だ。大型の機械を利用する近代工業では、同じ形の製品が大量に生産される。これが継続的かつ拡大的に成り立つためには、規格品が大量に販売できる市場が必要だ。生糸のように農民の勤勉と自然条件に依存して輸出を伸ばせる産業ならともかく、ごく平均的な産業では最初から輸出というのは難しい。後進工業国としてはまず、国内市場を統一化し近代工業のためのマーケットを用意しなければならない。

第三には、近代工業の現場で働く人材の養成だ。近代工業の現場は規格大量生産、決して面白い職場ではない。ここで働くのに適した人材とは、面白くない作業にも耐えられる辛抱強さと大勢で共同作業のできる協調性、そして共通の知識と技能をもっていることが望ましい。全社会的な近代化のためには、そうした人材を何百万何千万と養成することが不可欠なのである。

これは容易なことではない。日本でも、そのいずれにも強い反対や抵抗があった。

第一の大企業の育成には、徳川時代以来の平等思想の観点からの反対があった。大企業の育成のためには、その企業が儲かるようにしなければならない。当然それには貧富の格差の拡大を伴う。このため、大正時代には近代工業が発展する半面、農村は困窮化した。昭和初期の不況と冷害がこれを一段とひどくした。このため、「古きよき日本に立ち返るべきだ」という「日本主義」の台頭を呼んだ。

懐古的民族主義ともいうべきこの主張は、昭和十年代まで強い勢力を維持した。近代工業社会をめざす官僚たちは、天皇至上主義を建前とすることによって、この流れを近代化に取り込もうとしたが、それが外国との妥協の余地を狭めることにもなった。客観性を主張することで世界的普遍性を装っていた近代工業社会を、日本だけは特殊な日本的民族文化によって築こうとしたのだから、諸外国との対立が激しくなったのは当然であろう。日本帝国主義が、欧米のそれ以上にアジア諸国で不評だったのはこのためである。

第二の統合市場の形成には、地方主義、伝統主義の立場からの反対があった。全国の商品や施設の規格を統一するとなれば、各地方の伝統的な規格と生活様式を捨てなければならない。それが各地の抵抗を呼んだのは不思議ではない。

とくに、各地域ごとの選挙区から選出される議員にはこの傾向が強かった。これに対して、近代工業社会をめざす官僚や軍人は、議会の権威と権限を失わせることに努力した。昭和の初期に議会政治家の汚職や下劣さが大袈裟に吹聴されたのは、このためである。いつの時代、どこの国でも、民主主義を破壊しようとするものは、議会政治（投票制民主主義）が抱えている「天性の業病」ともいうべき金権体質を攻撃するものである。

昭和九年に発生したデッチ上げ疑獄「帝人事件」は、その典型だ。現職大臣を含む政党政治家多数が関与しているといわれたこの事件は、三年余の裁判によって事実無根が証明されたが、このあいだに議会の権威は失墜、政党内閣は終戦まで復活することがなかった。裁判は被告個人の名誉と安全を守ることができたが、議会政治と日本の平和を守るにはあまりにも時間がかかりすぎたわけである。

第三の人材養成も、多くの教育者から抵抗を受けた。規格大量生産の現場に適した「辛抱強く協調性に富んで共通の知識と技能をもつ労働力としての人材」とは、要するに個性と独創性の乏しい人間のことだ。したがってそのような人材を養成する教育とは、官僚が定める規格教育にならざるを得ない。それぞれに理想をもつ教育者たちがこれに反発したのは当然であろう。

しかし、熱心にして偏狭な政府官僚たちは、これらの抵抗を排除して、確実に規格大量生産に適した社会体制を整えていく。不幸なことに、日本がそんな道を歩みだした昭和の初期は、世界的に資源食糧の供給が不足気味の時代であった。そのため、規格大量生産をめざす日本は、その市場獲得のためばかりではなく、資源供給の不安を解消するためにも海外進出を強化し、一段と国際的緊張を高めてしまった。

だが、当時の官僚や政治家は、このことに対する警戒心と危機感を欠いていた。むしろ彼らは、国際的緊張を、もっとも純粋な近代工業社会を確立する口実に利用した。こうしてできあったのが、いわゆる「昭和十六年体制」つまり「官僚主導型業界協調体制（官導体制）」である。そしてそれが、戦後四十五年を経た今日も日本社会の大枠を規定しているのである。

〝選択の自由〟を抑圧した「官導体制」

昭和十六年に確立された「官導体制」は、純粋な近代工業社会を形成するための仕組みである。つまり、徹底した規格大量生産体制の確立を目的とした厳格な社会体制と国民倫理の体系なのだ。

昭和十六年型の「官導体制」には、三本の柱がある。その第一は、あらゆる商品や施設、サービスを規格基準化することであった。政府は「日本工業品規格」を制定、すべての工業製品を規格化したのをはじめ、米や酒などにも等級制を制定して規格化した。さらには、「国民服令」なる勅令を設けて成人男性の服装をも規格化しようとしたが、さすがにこれは徹底しなかった。

商品だけではない。道路、鉄道、電気施設、建築などの各種施設にも基準を強化し、全国を統一した。それも同じ車両や電気器具が使えるようにといった程度のものではない。街灯の形から駅舎のデザインまで規格化、全国の風景を均一にしてしまった。また、医療にも標準医療を定めて、全国、全国民の医療を規格化した。

第二の柱は、規格大量生産の現場に適した人材養成のための教育の均一化である。それを具体化したのが昭和十六年に施行された「国民学校令」だった。

「国民学校令」は、その名のとおり、ナチスのフォルクス・シューレの制度を取り入れたものだが、そのポイントは二つある。一つは基礎教育（今日の小中学校）では私立学校の新設を認めず、現にある私立学校も徐々に廃止し、すべてを公立にする、という教育公営主義である。もう一つは、公立学校においては一学校一区域の通学区域を設ける通学区域制度である。この二つを組み合せると、教育の需要者たる生徒や父兄に学校選択の自由がなくなることになる。実はこれが「国民学校令」の最大の狙いだったのだ。

「東京都○○区に音楽が好きな子ばかり誕生」とか、「大阪市○○区に算数の上手な子ばかり居住」とかいったことはあり得ない。したがって、通学区域で縛ってしまえば、どこの学校にも平均的生徒群が入学するので、個性的な教育はできなくなる。ある学校が「うちは音楽に重点を置いた教育をする」といえば、音楽の好きな五、六人は喜ぶが、大多数の子供は困ってしまう。たちまち父兄から苦情が出るので、役人が監視するまでもなく個性的な教育を排除できる。すべての学校が標準的な教育に均質化され、すべての生徒が共通の知識と技能と倫理を植えつけられることになるわけだ。

ナチスの教育官僚が考案したこの方法を知って日本の教育官僚は狂喜して、すぐに取り入れた。そして戦後は、さらに一段と徹底する手法を加えた。教育指導要領において、不得手な科目ほど熱心に教えるように規定したのである。つまり、長所を伸ばすのではなく欠点をなくすることを目標としたわけだ。

人間は不得手なことは嫌いである。学校が不得手な科目ほど熱心に教えるとなれば、嫌いな時間が増え、好きな時間が減る。教育指導要領は、それを強要することで辛抱強さと協調性を養うことをめざすものだ。辛抱強くて協調性に富み、共通の知識と技能と倫理をもった長所も欠点もない人材、つまり規格大量生産の現場に適した労働力養成をめざしたものなのである。

官導体制の第三の柱は、東京一極集中の地域構造、いわゆる「有機型国土形成」であった。その目的は、日本国土全体を一個の有機体のように結合、神経中枢からの命令によって行動する生産体系と統一市場を形成することであった。

このために、全国的な頭脳機能はすべて「中央」たる東京に集中、政府が監督指導しやすいようにするとともに、「地方」は「中央」の命令によって効率的に動く「手足」とすることにした。まず、頭脳の機能として東京に集められたのは、産業経済の調整機能である。規格大量生産を推進するためには、設備と生産を政府が統制指導して過当競争を抑える必要がある。そのために政府はあらゆる業界に業界団体をつくらせ、その本部を東京に置かせて官僚ＯＢを専務理事や事務局長に押し込んだ。

次には、情報発信機能を東京に集中した。当時、唯一のラジオ放送局であった日本放送協会（ＮＨＫ）は、政府の指導によって昭和十六年から全国放送を東京に集中した。出版物については、文部省思想局の指導によって書籍卸の取次店が四社に集約、すべてを東京に集中させた。このため、県境を越えて書籍を販売するには、必ず東京に運び込まなければならなくなり、地方の出版社は経費の点からも、原稿締切りが三日以上早くなるという点からも、甚大な打撃を受けた。もともとこれは言論統制のために採られた方策だったが、結果としては全国の情報環境を一致させることになり、統一市場の形成に役立ったのである。

以上のような政策内容からも明らかなように、昭和十六年の「官導体制」は、規格大量生産に適した社会をつくる効率優先の発想に立っていたが、同時に消費一般の平等を推進する倫理にも立脚していた。この世の中にごく少ない種類の規格品しかなければ、誰もが同じ商品しか使えない。同じ質の学校しかなければ庶民も富豪も区別されることはない。地域の特質も情報の違いもなければどこに住んでも同じだ。居住地の選択は、好みや貧富によってではなく、各人の社会的な機能（いわば全体への奉仕の形態）によって決る。経済の中枢や情報発信に携わるためには東京に、生産の現場で働くならば地方に住まざるを得ない、というわけである。

選択の自由を徹底的に抑圧した「官導体制」がこの国に定着したのは、近代社会の倫理である

「効率」に加えて、徳川時代以来の倫理「結果の平等」からも、それが肯定できたからである。

高度成長期に徹底された「官導体制」

これらの政策は、実をいうと戦争中にはあまり効果を上げなかった。時間的余裕もなかったし、戦災による混乱もあった。生産設備の不足で商品の規格化は困難だったし、投資余力の不足で施設基準も普及しなかった。これが実際の社会で徹底されるのは、むしろ戦後の経済成長によってである。

日本を占領したアメリカ軍は、政府主導による規格大量生産体制が日本の軍事力と侵略的性格に繋がったと考え、その廃止に努めたが、極度に物資不足の現実の中ではほとんど実行ができなかった。占領下においても物資統制はせざるを得ず、統制に必要な規格基準と官僚組織と効率優先の倫理は残った。このため、占領が終るとともに規格基準制度が一段と徹底されることになったのである。

まず、商品の規格基準は戦後もＪＩＳマークなどに姿を変えて温存されたし、新たに農産物にもＪＡＳマークがつくられた。お米の等級制は多少の改定だけで今も続いているし、お酒の等級制は一九八九年の酒税法改正まで続いた。そのうえ、建築基準、都市計画基準などは、安全を理由に一段と強化された。医療における標準医療制度は、医療保険と関係づけてますます強化されている。厚生省は、今もなお「差額ベッドの廃止」など、規格化強化政策を続けている。

教育の没個性的均一化はもっと激しい。今も私立小中学校の新設は厳格に抑えられているし、通学区域も厳重に施行されている。そのうえ、「学校格差の是正」という名目で高校にまで完全な没個性化が持ち込まれたし、高等教育でも大学設置基準による没個性が進められた。

さらに最近は、没個性化の徹底のために、中学や高校で厳格な「校則」がつくられるまでになった。服装や髪形はもちろん、挙手の角度から起立の姿勢まで事細かに校則で決め、およそ生徒の外形と動作に個性の片鱗を残すまいと懸命の努力が行われている。千葉県には「男子生徒の小便は三十秒、大便は三分以内」と定めている中学校もあるというが、用便の時間の長短という個性すら、現在の教師には許しがたく見えるのであろう。

そんな状態だから、校則と違った個性的な髪形の生徒は卒業アルバムから写真を削られるし、遅刻した生徒は鉄門で頭を叩き割られてしまう。いま、教育論議は盛んだが、そのほとんどは微細な教科書記述や教師個人の人格論に集中、そうしたやり方と教師を続出させる強制入学制度を中核とする昭和十六年型の教育の仕組みには論及されることがない。この体制が半世紀も続いた結果、教育の専門家はみなこの仕組みからの受益者集団になっているからである。

東京一極集中政策も、戦後になって徹底した。各種業界団体の東京集中は、とくに一九六〇年代からの高度成長期に政府指導によって強引に進められた。繊維業界などは伝統的に大阪に本社が集中、業界団体も大阪にあったが、六〇年代末の「日米繊維交渉」の折りに政府の強烈な圧力で日本繊維工業連合会だけは東京につくらされた。当時の通産省には、「業界の本部が東京に来ないかぎり、アメリカが何と言おうが繊維品の輸出は抑える」という局長もいたのである。

こうした強引な政府の指導によって、業界団体が東京に集中すると、民間企業の首脳も、業界団体の幹部になれば東京居住を強いられる。したがって、企業の本社機能も自ずから東京に集中した。このことが、業界内部の連絡調整を容易にし、官僚主導型の業界協調体制を強化するのに役立っている。

情報発信機能の東京集中も、戦後、一段と強化された。出版流通の東京集中制度はますます徹底されているし、電波の分野でもより徹底された。とくに注目されるのは、戦後はじまった民間放送に対して、世界に類例のない「キー局制度」を設け、全国番組の編成権を東京のキー局のみに認めることにした点である。このため、地方の局が全国放送を行うときには、ドラマの内容からバラエティー・ショーの出演者までキー局の指導干渉を受ける羽目になっている。日本のテレビ・ラジオの放送発信は、全国各地のテレビ局が自由に番組の販売競争を行っている欧米先進国とは、まったく違った中央統制的な仕組みになっているのである。

一方、地方を「手足」の機能に限定する政策も、高度成長期に確立した。戦後、地域開発に関する法令は百数十もつくられたが、そこで地方分散の推進が謳われているのは「工業の生産施設等」だけである。戦後、政府は巨額の補助金等を出して海岸を埋め立て、道路を整備し、工業用水道を設置し、港湾空港を建設したが、その対象はあくまでも工場誘致のためのものであった。

昭和五十年代になると、政府も「地方の都市機能」に注目するようになるが、それとても地域の人々に東京文化の香りを嗅がすための多目的ホールのような施設か、地域の人々が安心して生産現場で働けるための地域医療施設など、地域サービス施設に限られている。全国から客を集め、地域の個性的な経済と文化を発展させるような特殊用途施設は、東京以外には絶対につくらせない。そんなものには国の補助金が出ないばかりか、そんな余計な施設をつくる自治体は他の補助金でも起債枠でも不利に扱われる恐れがある。

これでは劇団も楽団も地方には育たない。東京でなければ本物の演劇や音楽を演奏する場所がないし、マスコミも取り上げない。そんなことが「地域格差の是正」という耳触りのよい言葉で正当化され、今も実行されている。これもまた、全国の情報環境を統一することによって、均一の規格品が販売できる統一市場を形成するためである。

「富み栄える仕組み」はできたのだが……

要するに、昭和十六年型の「官導体制」は、規格大量生産に適した社会をつくるための仕組みであった。したがって、これを徹底させた日本が、どこの国よりも規格大量生産に適した社会になり得たのも不思議ではない。

戦後の経済復興とそれに続く高度成長を経て、技術の向上と資本の蓄積が進むにつれて、日本は規格大量生産型の工業では、抜群の生産力と競争力を誇るようになった。だが、その半面では、人間の個性は抑圧され、地域の特質はなくなり、選択の自由は著しく制限された。つまり、「富み栄える仕組み」はできたが、「豊かになる仕組み」はつくられなかったのである。

日本の経済水準が低く、国民の生活が貧しかった時期には、これが国民多数の希望に叶ったやり方であったろう。白い飯を腹いっぱい食べることが国民の最大の願いだった敗戦直後なら、どんな米でも粒が揃い乾燥状態がよければ、一等米として同じ価格で政府が買い上げるという食管制度は有用だった。こうしておけば、農民は一粒でも多くの収穫のある品種を植えるからである。

食糧事情が好転した昭和三十年代になると、人々の望みは「三種の神器」といわれた白黒テレビと洗濯機と冷蔵庫を揃えることになった。したがって、一台でも多くのテレビや冷蔵庫を一円でも安くつくることが国民の願いを叶える道だった。昭和四十年代になると、「三種の神器」は大部分の家庭に普及、国民の欲求の対象は「三C」に移る。クーラーとカラーテレビとマイカーである。だが、この時点でもまだ選択の自由など必要ではなかった。ブランドやデザインを選ばず、機能さえ整っていれば十分だった。ここでもまだ「一台でも多く一円でも安く」が国民の希望を満たす道だったのである。

当時の通産省では、同一規格で大量生産する国民車構想やカラーテレビの標準化議論が盛んであり、自動車、電機メーカーの整理統合を推進しようという意欲が強かった。日本の市場規模なら乗用車メーカーは三社、テレビ・メーカーは五社、コンピュータに至っては二社以内に統合すべきだ、というような議論が真剣に行われていた。規格大量生産の推進のために、選択の自由の幅をより一段と制限しようとしていたわけである。

お米やテレビだけではない。住宅にしても数と広さだけが問題だったから、建設省や通産省は、「ローコスト・プレハブ」の規格住宅の開発を試みた。医療サービスにしても、みんなが所定の医療を受けられることが望みだったから、規格型の標準医療には正当性があった。旅行も最低限の費用で年に一度の家族旅行ができるようにと、料金の安い国民宿舎や国民休暇村を整えようとした。規格どおりの食事と決められた時間帯で品行方正に宿泊する規格品の旅行を、安く大勢に与えるための施設である。

しかし、こうした諸政策が徹底した昭和五十年ごろから、人々の希望は大きく変りだした。「三C」も普及し、住宅戸数が世帯数を上回り、高校進学率が上限に達するまでに向上すると、誰もが欲しがるような規格品はなくなってしまう。このころから、人々は、単に機能が揃い故障が少ないというだけの商品には満足しなくなってしまった。人々が求めるのは、有名ブランドであり、話題性のある旅行であり、それぞれの家族形態と生活習慣に合った医療サービスに変りだした。

それを一般には、「多様化の時代」とか「個性重視の世の中」とか呼んだが、決して一時的な現象ではない。経済の成長と所得の向上で、ようやく日本人にも、人それぞれの「好み」を満たす余裕が生じていたのである。そしてそれには、次章に述べるような世界的な文化の変化も強く関係していたのである。

日本に再び、国際的孤立化の危機が迫る

日本が半世紀にわたって強化徹底させてきた「官導体制」は、この国を規格大量生産にもっとも適した社会に仕立て上げることには成功した。そのお陰で、今日の日本は非常に富み栄えた国にはなり得た。そのことは十分に評価すべきであろう。だが、それができあがった現在、日本人は豊かさを感じられぬ苛立ちに陥り、日本という国は国際的孤立化の危険に立っている。

今日の日本は、あまりにも規格大量生産に適した仕組みを徹底したため、新たな概念創造が困難になり、新しい企画や技術には非常に費用がかかるようになっている。あらゆることが規格大量生産を前提とした官僚主導型協調体制にはめ込まれるためだ。

たとえば大規模幕面構造は、一九七〇年の日本万国博で日本が世界に先駆けて開発した技術であり、早くから世界に輸出されていたが、東京ドームの建設許可を受けるまでには約五年、延べ二千回も関係官庁に通わなければならなかったという。規格化された大量生産品ならこの程度の手間と費用をかけても、一個当りのコストはたいしたことがないだろうが、多品種少量生産の場合には大きな負担になってしまう。規格大量生産の工業製品では強い国際競争力をもつ日本が、社会全体としては旧西ドイツの三割増しの長時間労働をしなければ同じ程度の成果が得られない非効率な社会になっている理由の一つがここにある。

官庁だけの問題ではない。長いあいだ、没個性的協調主義を続けてきた日本では、調査企画の方法にまで類似を求める規格基準主義が適用されている。たとえば〇〇地区のリゾート開発の企画をする場合にも、たちまちそれが表われる。「港区流」、この種の企画調査の下請け企業が多い東京都港区で一般化している手法がそれである。

ここでは、依頼を受けた企画者はすぐデータベースに飛び込み、「〇〇地区」と類似の「リゾート」のデータを叩き出す。コンピュータの普及した日本では、たいていのデータは揃っているので、馬が下痢するほど沢山のデータ資料が出てくるが、データベースに入力されているのは、現にあるものばかりだから、新しい創造はすでに放棄されたに等しい。

次にこのデータを山積みにして、大勢のプランナーとかプロデューサーとか称する人々が「ブレーン・ストーミング」なる会議を繰り返す。大勢が会議をすれば個性的なものは振り落され、まずは無難な多数例に従うようになりがちだ。こうして選ばれた、ありふれた例示を集めて図面に描き出す。何しろ日本は歯医者よりも一級建築士が多い世界唯一の国だから、図面書きには不自由することがない。これでできあがり、データは多いし報告書は厚い。色彩もきれいなら分りやすくもある。ただ一つの欠点は、どこにも創造的な知恵と個性が含まれていないことだけである。

これでは、大勢の人間を使い大量のデータを集めるのに費用がかかる。だが、あるものから選ぶだけだから知恵は要らない。「港区流」は「費用多消費・知恵節約型」の企画方法なのだ。日本の企画調査や雑誌編集などがきわめて高価なのはこのためである。

六十三年間にわたって昭和が築き上げた「官導体制」は、日本を「富める国」にしてきたが、「豊かな社会」にすることはできない。そればかりか、多様化と企画的業務の比重が拡大するにしたがって、社会全体の効率も低下している。そのうえ、今進行中の世界の激動、「知価革命」は、これと逆の方向に向っている。日本には、再び国際的孤立化の危険も迫っているのである。

第七章

急がれる「日本の革質」

人間の肉体に体格・体型・体質があり、精神に気風・気性・気質があるように、国にもその六つがある。日本の体格はこの国土、もう変える余地はほとんどない。体型は東京一極集中、昭和十六年以来の官導体制でつくられた「顔」ばかりが肥大化した形だ。体質は最適工業社会、規格大量生産型の工業だけが突出した大食型高血圧症である。

日本の気風は実際主義、長い歴史ではぐくまれた民族性だ。気性の方は集団主義の内志向、気質となれば官僚主導型の協調体制ということになるだろう。

これまでの世界構造と国際秩序の中で、貧しかった日本が富み栄えるためには、こうした体質や気質は有利に働いた。だがこれからは違う。富み栄えた日本が、豊かさの実感できる国となるためにも、新しい世界構造と国際秩序の形成に積極的に働きかけていくためにも、より柔軟で多様性を許容できるように、日本の体質と気質を革めなければならない。

そしてそれには、体型と気性の変革も必要であろう。

1 「新戦後」にはじまる第五の危機

日本は半世紀にわたる「官僚主導型業界協調体制（官導体制）」によって「最適工業社会」を形成することに成功した。それによって、「貧しさ」から脱却して、「富み栄える国」になった。

だが、ただひたすらに富み栄えることだけを追求するこの体制では、本当の「豊かさ」を実感することはできない。そこには、時間的余裕と選択の自由を拡大する発想も仕組みも加わっていないからである。

そのうえ、所得が増大し生活が向上する一方、世界的な資源供給と地球環境の限界が知られるにつれて、人々の欲求は、物財の量的増大よりも「好み」を満たす多様な選択に向うようになった。日本でも「知価革命」が進行、これまでめざしてきた「最適工業社会」とは違った方向が求められだした。このため日本は、経済的にも効率の悪い国になりつつある。アメリカや旧西ドイツと同じ程度の実質所得を得るために、二割から三割も余計に働かなければならない現状が、そのことを示している。

一方、世界は今、大きく変貌しつつある。主観的価値を重視する「知価革命」の進行に伴って、人間は客観的合理性を選好するという唯物論的前提に立った社会主義は、現実的にも理論的にも崩壊した。東西対立冷戦構造の終焉、それは今、この一九九〇年代前半が、「新たな終戦直後」であることを意味している。

したがって、これからの数年間には、「終戦直後現象（アプレゲール・シンドローム）」が起るだろう。世界的な物資不足と資金不足、それに伴う金利の上昇と株や土地の値下がり、難民の多発などは、そうした歴史的文脈の中で生じた必然的現象である。最近の中東の湾岸戦争もまた、終戦直後に現われる地域紛争の一つとして位置づけることができる。

では、これからの「新戦後」時代を乗り切り、その中で進行しつつある国際的再編成と知価革命に対応するためには、日本は、そしてわれわれ日本人はどのようにすればよいのだろうか。最後に、このもっとも重要な問題を考えておきたい。

「祝勝の宴」は終った

一九九〇年十月三日――おそらくこの日は百年ぐらいは歴史に残るだろう。この日、東西ドイツの再統合が実現した。前年十一月九日に「ベルリンの壁」が崩壊してから、わずか三百三十日目、誰もが予想しなかった速さであった。

第二次世界大戦終了の日から四十五年間、東西の分裂と西ベルリンの占領状態が続いたドイツにとっては、たいへんめでたいことに違いない。だが、その祝賀会でのワイツゼッカー大統領とコール首相が行った演説には、性急な要求と過度の期待を戒める字句がちりばめられていた。「冷戦」の最前線であったドイツは、「戦勝国」であると同時に「敗戦国」でもある。「敗戦」の陣営に立った旧東ドイツはもちろん、「戦勝国」となった旧西ドイツにとっても、「新しい戦後」もまた、容易な時代ではない。

東西の経済格差の是正に膨大な資金が必要なだけではない。過去四十五年間の制度と習慣と倫理の違いを是正するためには、多くの費用と手間がかかる。その間には、さまざまな社会問題や感情摩擦も生じるに違いない。そうした問題のコストは、旧東ドイツ地区への社会資本の投資や生産施設の整備以上に大きな苦痛を伴うことであろう。

そのうえ東に開かれた国境線を越えて、ポーランドやハンガリー、チェコスロバキア、ルーマニアなどの東欧諸国から、すでに多数の難民や出稼ぎ人が押し寄せている。そのため、旧西ドイツでも街は汚れ、排気ガスは増え、盗難が多発するようになった。ドイツは、再統合によって「東」の貧しさをも抱え込んだわけである。

旧東ドイツの千六百万人の人口と十万平方キロ余の国土を加え、東への道が開かれたことは、長期的にはドイツにとって大きなプラスになるだろうが、その効果が現われる前に、多くの難問を解決しなければならない。その意味でも、一九九〇年代前半は、ドイツにとって、むしろ困難な時代になるだろう。首脳たちが再統合の祝宴において、楽観を戒めたのは、謙虚さよりも賢明さの表われといってよい。

ドイツの困難は、ヨーロッパの困難でもある。ついこのあいだまで、西ヨーロッパは東西冷戦の枠組みを恒久的なものと考えて統合を進めてきた。「鉄のカーテン」の彼方は「閉ざされた別世界」という前提で、西側だけの共通文化圏をつくりあげようというプランだった。そこで西ドイツの資金が南の国々を潤すはずであった。南の国々の労働力は、工業生産の肩代りと観光サービスの提供を通じて、北の人々をも楽しませるはずであった。

だが、この目論見は今、「東」の壁の突然の崩壊によって大きく揺さぶられている。ドイツの資金と関心が「南」よりも「東」に向いだしたことは、欧州統合の枠組みが地理的規模においてばかりでなく、経済的な流れにおいても心理的な振幅においても、まったく違ったものになる可能性を示している。あるいは、共通文化圏としてのＥＣの文化的重心が、これまで予想されたものよりも「東」に偏った形、つまり、より中欧的なものとなる恐れがある。フランスやイギリス、あるいはイタリアやスペインが、それを許容し順応することは必ずしも簡単ではあるまい。

「鉄のカーテン」の崩壊で巻き起った熱狂と粉塵が収まった後で、ヨーロッパ人が見出したのは、貧しい住民が溢れる社会主義の廃墟が不調和に繋がった「欧州」という建物である。それを安全で豊かで均衡のとれたものに再構築するためには、従来とは違った設計図と施工技術が必要なのだ。戦後四十五年間、経済統合に乗り出したときからでも三十年間、「東」の壁の頑丈さを信じて西側だけのデザインをまとめあげてきた西欧人にとって、この現実に合わせた基本設計の変更は厳しい問題となるに違いない。

しかし、それ以上に困難なのは、社会主義文化の中で育った人々を、西側の共通文化にどう取り入れていくかであろう。それには東側の人々の発想と行為の変更はもちろん、西側の人々にも異質の気質と文化になじんだ人々と共存する新思考が必要になるだろう。ソ連の「新思考」からはじまった冷戦体制の終焉は、西側にも「新思考」を必要としているのである。

「老いたる覇権国家」アメリカ

困難の時代を迎えようとしているのは、アメリカも同じだ。アメリカが「冷戦」に勝利し湾岸戦争でも勝ったのはまぎれもない事実である。一九九一年三月、湾岸戦争に圧勝したアメリカは、五カ月前のドイツと同じような「祝勝の宴」に酔った。しかし、その結果アメリカは、二十世紀の「戦勝国」が大抵そうであったように、権威と正当性を手に入れ、経済的負担と社会的困難を背負い込んだ。

アメリカの立場から見れば、戦後の世界は核兵器という危険な毒素に溢れた社会主義の潰瘍に侵された病人にも似ていた。医師としてのアメリカ政府は、核兵器の破裂で全身に毒素が回ることを恐れて外科的手術を行わず、時間と費用のかかる内科療法を続け、ようやく潰瘍を消滅させることに成功した。だが、この間に患者の体力は衰え足腰も弱った。医師アメリカの権威と正当性は広く認められるようになったが、治療費は払ってもらえそうにないのである。

豊かだった医師アメリカも、難病患者を引き受けたばかりに、経済的困難と精神的疲労を来してしまった。さりとて病み上がりの世界を病院から追い出すわけにもいかず、まだ当分のあいだ、ベッドと給食を提供し続けなければならない。病院の経営にも治療の判断にも関わらなかった看護婦の日本が、連日の残業手当で貯金を増やし、財テクに励んでいるのとは対照的である。

大きな戦争では、「敗戦国」ばかりか「戦勝国」も深刻な打撃を受ける。二十世紀前半の二回の大戦を主体的に戦ったイギリスは、二度とも勝利したのに「世界帝国」の地位から滑り落ち、ポンドは国際基軸通貨の機能を完全に失った。フランスに至っては「列強」の一つとして留まることさえできなかった。

賢明にもイギリスは早い時期にそれに気づき、世界の主導国の立場を放棄したが、国民の士気と活力の低下は免れなかった。これに対してフランスは、ドゴール将軍らが敢えて「フランスの栄光」を維持しようとしたが、結果的には経済を悪化させ、世界の嘲笑と国民の不満を招いただけであった。大戦争を主体的に戦った国は、たとえ勝っても甚大な経済的損失と社会的困難を背負い込むのが二十世紀の「総力戦」の特徴である。

二度の世界大戦を通算したよりもはるかに長いあいだ、はるかに多くの費用を投じて戦われた冷戦の影響は、それ以上に大きい。この長く冷たい戦争で主導的な役割を果したアメリカの立場は、二度の大戦を勝ち抜いた後のイギリスに似ていなくもない。「戦勝」によって政治的権威と倫理的正当性は高まったものの、経済と社会は甚大な損失を被ったのである。

だが、世界構造から見れば、現在の「新戦後」におけるアメリカと第二次世界大戦直後のイギリスの立場とはまったく違っている。第二次世界大戦後のイギリスの後には、強大な軍事力と豊かな経済力と類似の権威と正当性をもつアメリカが控えていた。このお陰でイギリスは、静かに主役の座をアメリカに譲ることができた。ところが現在のアメリカには、そのような「後継者」が存在しないのである。

現在の、そして今後の国際社会を考える場合には、「冷戦」の勝利によってアメリカが得た得失双方を等しく評価する必要がある。この超大国が受けた経済的社会的損傷を軽視するのは間違いだが、それを過大に考えるあまり、権威と正当性の重みを無視するのも危険なことだ。これからはじまる国際的再編成は、アメリカの権威と正当性の向上と経済的社会的弱体化という現実を踏まえて進行するはずである。

十九世紀以来の近代世界では、権威と正当性と経済力と軍事力を併せもった覇権国家が世界の秩序を形成し、それを覆そうとする対抗勢力とのあいだで程のよい不等号な均衡を保っていた。それはあたかも、一つの国のなかで権威と統治能力をもつ正当な政府とそれに反対する改革勢力(または野党)が、不等号な均衡を保っているのに似ている。覇権国家は、反対勢力の存在によって国内的緊張感を保つと同時に、反対勢力に属する国々に対する免責をも得ていたのである。世界的な大戦争が発生するのは、この不等号な均衡の程のよさが崩れ、いずれかの側が誤算を犯した場合だ。一八六〇、七〇年代に生じた欧米での一連の戦争や、第一次、第二次の世界大戦、今次の冷戦などがそれである。

ところが、二世紀にわたって繰り返されてきたこの構図が、今、東側陣営の崩壊によって消滅してしまった。その意味では、今こそ世界が一つになったといえなくもない。だが、そのことによって、これまでの対抗勢力「東側」に対する免責もなくなった。同時に、「老いたる覇権国家」アメリカが国内的な緊張感を失ってしまう可能性もある。

九〇年代には、老い疲れたアメリカが覇権の座を降りることで世界に対する統治者としての責務を逃れようとする可能性、つまり孤立主義への誘惑が付きまとうであろう。もしそうなれば、これからの世界は、一九二〇、三〇年代に似た不安定な構造になるだろう。

すでに四つの終戦直後現象がはじまっている

前述のように「終戦直後」には、五つの共通した現象（アプレゲール・シンドローム）がある。物資不足、資金不足、難民多発、地域紛争と国際的再編成である。第一から第四までの現象はすでにはじまっている。一九八〇年代を通じて過剰気味だった石油は、「ベルリンの壁」が崩壊したころから不足気味になり、価格も上昇しはじめた。世界の石油生産余力は、八〇年代中頃には二〇％を上回っていたのに、八九年末には一〇％以下にまで減少している。湾岸戦争で破壊されたクウェートやイラクの石油の回復が遅れ、世界最大の産油国ソ連の生産が減退すれば、世界的不足を招く可能性は十分にある。

食糧や金属資源には、今のところ供給不足は顕在化していないが、今後はソ連や東欧諸国での生産流通の混乱によって、不足気味になる可能性が高い。

「敗戦国」における物資の不足は、戦争中よりも終戦直後に深刻化することは、太平洋戦争における日本の経験からも理解できるだろう。戦争中には、設備や土地が荒廃していても、統治機構の強権と国民の緊張でなんとか生産と流通が維持されるが、敗戦の後ではそれができなくなる。一九九〇年のソ連は、農業は豊作に恵まれたと報道されていたが、実際には取り入れの遅れと農民の売り惜しみで深刻な食糧難に陥った。

ウィーンの比較経済研究所の発表では、旧社会主義国全体での物的生産は、一九九〇年に前年を六・一％も下回った。九一年には、さらにそれを大幅に下回りそうだ。統治機構への不信と緊張感の低下で、物資の供給が激減する「敗戦直後」現象が発生しているのである。

資金不足も、九一年に入ってますます顕著になっている。八〇年代には主要な資金供給国の一つだった西ドイツは、吸収合併した旧東ドイツへの投資やソ連への経済協力のために、他への供給余力を失った。アラブ産油国は湾岸戦争の戦費負担と復旧で赤字に転落した。最大の資金供給国だった日本も、消費需要の増加と株式や土地の価格低下で資金供給力が減退している。

一方、世界最大の資金需要国のアメリカは、企業経営の不振と個人貯蓄が低迷、膨大な財政赤字の穴埋めが困難な状態にある。現在の世界が、いかなる物質にも裏づけられない通貨をもつぺーパーマネーの時代だという認識が深まるとともに、一般化した借金体質から、国家も企業も家計も抜け出していないのである。

こうした資金不足は、非産油発展途上国には殊のほか厳しい現実となるだろう。発展途上国への新規投資が減少するばかりでなく、従来からの累積債務の金利負担も大幅に拡大するからである。

このことが発展途上国において、新たな貧困と社会不安を呼ぶ可能性はきわめて大きい。そしてそれが、大量の難民を生みだす契機となったとしても驚くには当らない。一九七〇年代中頃にベトナムやカンボジアが大量の自国民を行き先の当てもないまま流出させるノウハウを開発して以来、難民流出に対する国家の倫理観は大きく崩れてしまった。

第四の終戦直後現象である地域紛争の多発が、これらの現象を激化するに違いない。たとえば中東の湾岸危機は、石油価格の高騰を招き、世界的な資金不足を助長するだけではなく、総数二百万人ともいわれるパレスチナ人やアジア人の出稼ぎ人を再難民化する恐れも出てきた。仮にその三割、六十万人が祖国に帰ったとすれば、ヨルダンやエジプト、パキスタン、インド、バングラデシュ、フィリピンなどの国々は、外貨収入の大きな部分を失うとともに、これまで以上の失業問題にも苦しむことになるだろう。悪くすれば、これがまた「玉突き型」の難民を発生させることにもなりかねない。

加えて、イラクからは百万人単位のクルド人が、トルコやイランに移動している。悪くすれば、これが新たな難民問題として、長く中東の不安定要因ともなりかねない。ソ連の状況も厳しい。豊かなバルト三国に続いて貧しいグルジアも独立を宣言。内戦の危険すら予想されている。これがまた、大量の難民を生む可能性がある。

地域紛争の危険は、中東だけのことではない。ソ連や東欧圏でも民族紛争の危険は否定できない。キューバ、北朝鮮、フィリピン、インド亜大陸、中南米にも、内紛の危険は存在する。今や世界のどの地域にも、大量の難民が発生する危険があるのだ。

要するに、今次の「冷戦終戦」においても、過去二回の世界大戦の終戦直後と同じように、物資と資金と労働力の大きな不均衡が生じている。その中で、使い古された現在の国際秩序が深刻な危機に曝されている。国家間の地域紛争は、湾岸における多国籍軍の活動で当分のあいだ封じられるだろうが、内戦と内紛は繰り返されるだろう。加えて、ドルの下落による「通貨の無政府状態」も実現性のある危機だ。

もし、ドルの価値が急激に下落するようなことがあれば、国際経済が大混乱するだけではなく、その影響から国内でインフレが進行することを避けるために、アメリカが孤立主義に向うことも十分に考えられる。これこそ、次に危惧される「戦後の第五の危機」というべきものである。

2　日本に望ましい国際秩序の形成

国際秩序形成の意識とビジョンを欠く日本

冷戦構造の崩壊は、世界構造の大変革だ。当然、それを前提としてできていた戦後の国際秩序も根本的に変らざるを得ない。新しい世界構造に則した国際秩序をどのように再構築するかが一九九〇年代の大きなテーマであることは、すでに述べた。だが、これについて現在の日本は何のビジョンもアイデアももっていない。いや、もつべきだという意識さえ欠けている。その点では、過剰なまでに欧州の構造と自らの位置づけを意識しだしたドイツとは対照的である。

日本は第二次世界大戦の敗戦国だから、第二次大戦後の国際秩序の形成には何の意見も述べる余地もなかった。日本が国際社会に復帰したときには、アメリカとソ連とが戦後の世界の構造と国際秩序をつくりあげていた。日本にできたことといえば、この世界構造と国際秩序の中で、いかに巧みに生きていくかという受け身のものでしかなかった。

幸いにして、この構造は日本にとって有利だった。アメリカとソ連が軍事費の大半を受け持ってくれたお陰で、植民地や政治的権威を放棄した敗戦国の負担は軽くてすんだ。加えて、戦後の資源過剰状態のなかでの自由貿易は、資源輸入の加工貿易国に有利に働いた。一九七〇年代初頭までの二十五年間、日本の交易条件はつねに向上していたし、世界の需要も工業製品に傾斜し続けた。そしてその工業製品こそ、日本が最も得意とした分野なのである。

日本は、アメリカとソ連がつくりあげた戦後の国際秩序から経済的には恩恵を受けた。したがって、その変更を望む経済的理由はなかった。日本人が、冷戦構造の終焉を強く意識しないのもそのせいなら、新しい世界構造と国際秩序の形成に参加しようとする意欲を持たないのもそのためだろう。

社会主義陣営の崩壊も、「ベルリンの壁」の撤去も、湾岸戦争も、バルト諸国やグルジアの独立宣言も、日本人にとってはテレビ・ショーの延長でしかない。

この国には「日本に望ましい国際的秩序をつくるためには、何をなすべきか」などという議論は、まったく流行らない。おそらく大部分の日本人は、今が新しい国際秩序がつくられる時期だとは感じていないだろうし、それを感じている少数の人々も、現在の日本の言動がこれから形成される国際秩序の内容に影響するとは考えていない。つまり、国際秩序の形成などという難しい問題は、もっと「偉い国」の仕事だと信じているのである。

今日の日本人の心理の中には、経済大国としての傲慢と国際的な体制構築に対する決断回避の小国意識とが同居しているのだ。

もちろん、そうあるべきだ、という意見もあるだろう。日本が主体的に国際秩序の形成に参加した唯一の例が、第一次世界大戦の後、やがて太平洋戦争に繋がる失敗だったからだ。だが、前に失敗したから今度も失敗するというものではない。むしろ過去の失敗を反省して、成功を勝ち取るべきだ。その意味でも、今こそ太平洋戦争に至る道を正しく厳しく学ぶべき時である。

また、日本が加わらなかった第二次世界大戦後の国際秩序づくりが日本に有利な体制をつくったからといって、今度も他国が日本に有利な状況をつくってくれるというものではない。むしろ今度の場合は、日本が自らに有利に国際秩序を提案し、その実現を図るべきであろう。経済力は突出しているが軍事的には劣等な日本の国家的特殊性を考えれば、それに適した国際秩序ができるかどうかで、将来の日本の繁栄と安全が重大な影響を受けるからである。

まず日本自身が行動し、変革せよ

では、日本にとって望ましい国際秩序とはどんなものか。それについては前述したようにかなり鮮明だ。その第一は、世界平和である。世界的な大戦争など想定する必要はない。経済的には突出しているが軍事的には劣弱の日本が、ごく小規模な国際紛争にさえもきわめて脆弱なことは、今回の中東湾岸戦争でも明らかだ。地域紛争が日本に、より身近な場所で発生したとしても、日本の軍事力がその解決に主導的な役割を果すことは考えられない。それどころか、地域紛争の結果生じた難民が、この島国に大量に押し寄せた場合でさえも、日本の武力はほとんど無力なのではないだろうか。

そのことを考えれば、地域紛争が生じないように世界各地の経済と社会の安定に日本が貢献すべきことはもちろんだが、最終的には紛争鎮静化のためには軍事介入も辞さないという勢力が、世界に存在することが望ましい。現在のところ、それに当る勢力は、まずアメリカ以外にない。

したがって、日本にとっては、アメリカが孤立主義に向うのを阻止するような対応が必要であろう。アメリカの歴史と社会風土の中には、昔も今も孤立主義志向が存在することを忘れてはなるまい。

第二は、自由貿易の継続発展である。日本は、アメリカや中国のような「地大物博」の国ではないし、日本人は中国人やインド人のように「異物を好まぬ」文化的伝統ももっていない。日本の国土は狭く資源は乏しく、人口は多く文化は流行と模倣に長けている。もちろん、産業構造も加工貿易を必要としているし、政治慣習も外国からの影響を受けやすい。つまり、繁栄と生活向上のためだけではなく、社会的安定と心理的喜びのためにも、この国には自由貿易が必要なのである。

したがって今、日本は世界の自由貿易の維持発展のために最大限の努力をしなければならない。国内の一部に多少の損失や摩擦が生じても、である。昭和のはじめに日本が誤って選んだような特定の地域に「日本圏」（いわゆる「大東亜共栄圏」）をつくってたて籠るような発想は断じて考えてはならない。

これに関連して大事なことは、資源や食糧の豊富な世界をつくることだ。それは単に資源輸入国の日本は、資源が豊富で安価なほうが経済的に得だから、というだけではない。資源の豊富さこそが国際的安定と自由貿易の維持に役立ち、平和を確実にする重要な道でもあるからである。

このためには、ただ資源開発や農業振興に援助資金を投入すればよいわけではない。世界の資源と食糧の生産に継続的に資金と人材とが流入するように、それが安定した成長産業となり得る市場と技術を提供することもまた大切である。同時に、急激な資源不足を呼び起すことのないように、世界の人々の欲求を資源多消費の方向よりも主観的価値のほうに誘導する「知価革命」を推進する努力も欠かすことができない。日本にとってもっとも望ましいのは、資源や食糧が豊富で安価ではあるが、安定した需要と効率的な流通機構をもって、その投資者と従事者に利益と希望をもたせる状態なのである。

労働力移動の国際秩序を

そして第三には、人口の定住である。日本はアメリカのような人種混合の社会でないばかりか、異民族と隣り合って生きた経験すらない。それ故にまた、押し寄せるボートピープルを死に至らしめるような行動をするほどの蛮勇と冷酷をももちあわせていない。行き先の分らぬ自国民を小さな木船に乗せて海に流したベトナムやカンボジアの社会主義政権、あるいは反乱を起したクルド人を百万単位で国境に押し詰めるイラクのフセイン政権のような仕打ちは、この国の歴史には無縁である。

日本では、外国人労働者の入国を許可するか拒否するかの議論は盛んだが、日本政府が拒否さえすれば難民が流入しないというほど、現在の世界は甘くない。何十万何百万単位のボートピープルがこの島国をめざして押しかけてくれば、防ぎようもないのである。

均質社会で集団主義の日本にとって、これほど困ることはない。それ故日本は、そんな事態を未然に防ぐ方策を採らねばならない。具体的には難民の発生を抑制するとともに、世界の人口が定住定職するための経済的技術的援助を拡大する一方、世界中の国々が無秩序に難民を出すよりも、秩序ある労働力提供を図るほうが自国にとっても有利だと考えるような、人口移動に関する国際秩序を、率先して提言し実行することである。

そのためには、日本もある程度の外国人労働者を入れ、その人々の持ち帰る資金と技能と知識によって、周辺諸国が発展することに貢献すべきだろう。古代のギリシャやローマも、八世紀の唐朝や十一世紀の宋朝も、十九世紀のイギリスも、二十世紀のアメリカも、それぞれの時代に繁栄した国々は、みなそのようにして周辺諸国の発展に寄与してきた。そしてそのことでまた、自らも拡大し改革していったのである。移民の流入をかたくなに拒んで、安全と繁栄とを長く保った国は、世界の歴史に見当らない。

以上のことは、決して倫理的精神論や一般的抽象論ですむ問題ではない。個別具体的な場においてこそ重大なのだ。たとえば、中東湾岸戦争に対する日本の貢献策を論じる場合には第一の問題、つまりアメリカを孤立主義に追いやらないためには、どのような選択をすべきかを考える好機であった。また、大規模小売店舗法の改廃や公共投資の配分と内容を検討するに当っては第二の問題、つまりどのようにすれば世界が日本との自由貿易に利益を感じ、支持するかを考慮しなければならない。

とくにお米の輸入を論じる場合には、世界の食糧生産者に市場と利益と希望を与えるためには、日本の政策がどうあるべきかを省いてはならない。

さらに、経済協力のあり方においては、第三の視点、つまり人口の定住定職への貢献をもっと重視すべきだろう。特定の企業が探し出してきた大型プロジェクトばかりが日本の援助すべき事業ではあるまい。

なかでも外国人労働者の受入れ問題は解決を急がなければならない。原則禁止といいながら、現実には外国人の就労者が何十万人も黙認されている現実は最悪のやり方だ。とかく日本人は建前と本音を使い分けることを好むが、現実こそがすべての国際社会では通用しない慣習である。日本に望ましい国際秩序を形成する仕事は、国連や首脳会談の場で恰好のいい提案をすることではない。世界の国々と企業と人々が、そのような国際秩序を支持し、それに利益を感じるように、日本自身が行動することであり、そうできるように日本自身が変革することなのである。

3　「正義」の多様化が日本に必要だ

日本の繁栄は、世界の繁栄に繋がらない

日本にとって望ましい国際秩序をつくる——そのためには、日本自身も変らなければならない。つまり、世界の多くの国が日本を必要とすること、少なくとも、日本に有利なことが自国にも有利だ、と思うようにならなければならない。

平和主義や反戦思想によって、日本が世界をリードすべきだという野党政治家や「進歩的」人士もいるが、これほど危険な思想はない。平和主義であれ社会主義であれ、自由主義や民族主義であれ、主義（イデオロギー）によって外国をリードしようとするのは、外国に同じ主義の勢力をつくることであり、国際的な派閥の形成に繋がる。そしてそれは、必ず勢力争いの原因となる。

日本の繁栄が外国から歓迎されるためには、それが外国の特定の政治勢力を有利にするのではなく、全体としての利益、つまり経済的繁栄と社会的安定に繋がる仕組みをつくることである。しかし、残念ながら現在の日本の経済と社会は、そんな仕組みになっていない。少なくとも、そうなっているとは思われていないのである。

一九八七年、竹下登氏が総理大臣になったとき、外交政策の基本として「世界に貢献する日本」というキャッチフレーズを掲げた。このキャッチフレーズ自体は経済大国になった日本にふさわしいものだったが、中身と実行が必ずしも伴わなかった。その後も、このキャッチフレーズの内容を深化する議論が行われたとはいいがたい。いくつかの輸入拡大策が採られ、ODA（政府開発援助）の金額が増え、中東湾岸戦争へのやや的はずれな議論が行われているだけで、日本と諸外国とが繁栄を共有する仕組みをつくろうという真面目な議論は行われていないのである。

今日まで日本の国際関係への対応は、すべて「批判をかわす」という受動的なものでしかなかった。本当に「世界に貢献する日本」となるためには、外国から批判を受けて改めるのではなく、日本自体の特性を活かした貢献策、つまり経済が突出して軍事が劣弱な国にふさわしい「繁栄への貢献」の内容と方法をつくりだす必要があるだろう。

こういえば、「経済でなら、すでに十分に貢献している」という声が出るに違いない。財界人や技術畑の人々には、日本の優れたエレクトロニクス製品や小型自動車の供給がなければ、アメリカもアジアの国々も困ってしまうという人が多い。だが、これはきわめて危険な議論だ。自由経済の世の中では、売り手が恩に着せるべき筋合いはないし、日本の供給がなければ相手が困るわけでもない。

かつて同種の議論が第二次世界大戦直前にも、日本の生糸やドイツの化学製品に関して盛んにいわれた。「アメリカはこれらの物資を輸入しているのだから、日独と戦争することはできない」という主旨の論文がたくさん出ていたことを思い出すべきであろう。しかし、それが間違いだったことは歴史が示している。

日本のエレクトロニクスや自動車が、安価で良質で均質性に富んでいることは事実だが、多少のコストアップを覚悟すれば、アメリカでもヨーロッパでもアジアのいくつかの国でも、同種のものはできる。第二次世界大戦において、アメリカは日本からの生糸の輸入がなくなるとすぐナイロンを生産したし、ドイツから化学製品が来なくなると同種の製品の生産をはじめた。平時の自由貿易を前提とした市場原理と、国家間の貢献度とは尺度が違うのだ。

また、政府官僚や金融専門家のあいだには、日本からの資金の流入がなければアメリカ経済が明日にもひっくり返るようにいう人もいるが、三百億ドルや五百億ドルの信用創造はアメリカ経済にとってさほどの困難ではない。アメリカがそれを嫌がっているのは、経済と社会の本質を損うからではなく、平時における慣習に反するからだ。「金貸し」は、いつの世の中でも愛される職業ではない。

この種の「日本貢献論」の重大な誤謬は、「経済力によって周囲から尊重されるのは、生産力ではなくて消費力だ」という単純な原理を忘れていることだ。そしてそれを忘れさせているものこそ、「官導体制」に慣れた日本の自己中心的集団主義である。それを世界の国々は、「傲慢」と呼んでいるのである。

経済力によって世界に貢献するのは、輸入であって輸出ではない。ヨーロッパでもアジアでも日本でも、来年の景気見通しを論じるに当って、まずアメリカの景気動向に言及することが多い。アメリカが繁栄すれば、自国も好景気になり繁栄すると考えるからだ。四十年余にわたった冷戦に、結局アメリカが勝ち抜くことができたのも、アメリカと交易することのほうが、ソ連との政治イデオロギー同盟よりも利益が大きかったからである。冷戦終結直後の現在、アメリカの権威と正当性が著しく高まっているのも、アメリカの繁栄が世界の繁栄に繋がる体制、つまり自由経済体制が評価されているためである。

多様な倫理と感情が存在する世界の問題を、善悪で論じるのは愚かで危険なことだ。善悪の判断には特定の倫理の押しつけが入るからである。日本が世界から「必要な国」と思われるためには、まず日本の繁栄が世界の多くの国々の繁栄に通じると信じられる「国質」に、日本自身がなることが大切である。

「世界に貢献する日本」を実現するために

もちろん、日本が世界の経済にまったく貢献していないわけではない。ODAは世界一の金額になったし、国連や中東の多国籍軍にも資金を提供している。問題の輸入も、四七％が資源や食糧で占められているとはいえ、製品輸入も五三％となり金額も急速に増加している。それにも関わらず、日本の消費力（輸入）が世界に貢献していると見られていないのは、この国の市場が売り手の努力によって輸出を拡大し得る可能性をもった自由経済体制ではない、と感じられるからである。

いかに豪邸に住み高級車に乗り、ブランド衣料と豪華な宝石に身を包んでいても、購入はすべて母親の決めた出入り業者というのではもてない。商店でもホテルやクラブでも歓迎されるのは、薦め方とサービスの度合いによって売上げが伸ばせるお客だ。ところが今日の日本市場は、政府の厳しい規制と業界の協調体制によって、自由な売り込みが難しいと感じられている。日米構造協議においてアメリカが、大規模小売店舗法の緩和や企業系列を重大な問題にしたのは、このためである。

実際、日本の官僚と企業との関係は、心配性で口喧しいママゴンと従順な秀才息子とのそれに似ている。ママゴンのほうは、いつになっても息子は頼りなく危なっかしい存在と思って、手取り足取り世話をする。使う品物にも遊ぶ場所にも規格基準を設けて指導し、浪費と放蕩が過ぎて財産と健康を損うことを危惧している。愚かな民間人に任せれば、劣悪な商品を生産したり、土地投機や過当競争に陥るに違いないという明治以来の啓蒙思想が、官僚の基本思想から未だに抜けないのである。

このため、アメリカが大規模小売店舗法を改廃して流通業を自由化せよといえば、たちまち

「出店自由化促進」のための基準を設けて監督指導する、という珍妙な行政が実行されてしまう。それはあたかも、ママゴンが可愛い息子に対して、「お前もそろそろ自由に遊んでもいい年齢なんだから、お母さんがゴルフの道具と会員権を買ってきてやったよ、あの人となら安心だから、お母さんが後ろから見ていてあげるから自由に遊んでいらっしゃい」と言っているのに似ている。自由化するために一段と規制を強化しているのだ。

ところが、実は日本の企業はすでに強大、三十過ぎた働き盛りだから、相当に分別もあれば狡さも心得ている。外では結構権力も振えば遊びもしているのに、家に帰れば敢えてママゴンに逆らわない。母親には耳触りのいいことだけを聞かせて、有利と思えば上手に甘えてみせる。母親に従順を装えば、車も家賃もゴルフ会員権も与えられることを十分に知っているのだ。そんな三十男の日本の企業に、周囲の国々が魅力を感じないのは当然だろう。

要するに、今日の日本は、製品輸入の額においてばかりではなく、需要誘導と売り込み努力によって輸出の量と種類を拡大できないという点でも、魅力の乏しい市場なのだ。本当に「世界に貢献する日本」を実現するためには、外国の企業や商人が自由な活動によって需要誘導と売り込みができる自由経済体制を、この国につくらなければならない。

日本の企業も、社会的地位の向上と所得の増加に伴って、ママゴンから与えられる支援よりも、その拘束による損失のほうが大きくなっている。とくに今は、勤め先の組織も変り、役職にも就こうという時期だ。息子（企業）にとっては、昭和十六年以来の母親（政府）の方針である「官導体制」を維持することよりも、外（世界）での人間関係を重視しなければならなくなっているのである。

消費者が「好み」を主張しはじめた

しかし、より重要なことは、日本経済の成長と日本人の所得の向上によって、日本人自身の欲求が多様化し、「好み」を満たせる世の中を求めだしたことだ。それは、ただひたすらに規格大量生産を推進することで近代工業社会の形成をめざしてきた「官導体制」とは違った方向である。十分に近代工業を発展させた日本では、その拡大発展のために選択の自由を制限する「官導体制」は、利益よりも拘束のほうが大きくなっているのである。

それはあたかも、少年時代には、一流高校へ進学して一流大学に合格するという母親と共通の願望をもって、着る服も読む本も遊ぶ道具も勉強部屋のつくりも母親から与えられたもので満足していた従順な息子が、三十過ぎの社会人ともなれば、老いたる母の期待とは違った望みをもつのに至ったのに似ている。敢えていえば、息子も三十を過ぎて所得も増え、交際も広がり、結婚話が持ち上がったようなものだ。これまで母親（政府）も息子（企業）も考慮に入れていなかった嫁（消費者）が登場し、自らの「好み」を主張しだしたのだ。

母親が受験勉強に有利なようにとあてがってくれた、規格基準型の商品や施設だけでは面白くない。「国民学校体制」の教育で選んだ受験勉強だけの友達では、妻は喜ばない。もちろん、教科書の詰った本箱に囲まれた勉強部屋「東京一極集中」の生活環境では、夫婦生活には窮屈で仕方がない。たとえそれが貯金と出世のためには有利と説かれても、「いったい何のための人生か」

と考えてしまう。そんな戸惑いが今や企業にも消費者にも溢れている。

ママゴン政府は、いつまでも息子（企業）が真面目一徹の勉強好きでいてほしい。規則正しく通勤をして、ひたすらに出世街道を走ってほしい、無駄遣いなどしないで貯金に励むのが息子の将来のためと信じて疑わない。つまり昭和十六年以来の「官導体制」を維持することで、一段と工業社会を純化するのが、日本の経済と社会に最善と考えている。

会社の同僚や先輩（諸外国）から、「日本よ、お前も少しは遊べよ」と言われると、ママゴン政府はすぐさま遊び道具と遊びの場を探してくる。それで息子の評判がよくなると信じているのだ。少々感じの違う友達をつくろうとすれば、たちまち反対する。真面目で個性のない人間ばかりをつくる「国民学校体制」こそ最良だと言い張って譲らない。少年時代そのままの勉強部屋「東京一極集中」を変えようともしない。

世の多くのママゴンは、口ではいつも「お前も大人なんだから子供のころとは違うよね」といいながら、いざ実行となれば、改革案の欠点をあげつらって改革を阻害するものだ。現在の日本政府のやり方もそれに似ている。規制基準の緩和も権限の地方委譲も、学校教育の制度も東京一極集中も、なんとか変えなければならないとはいう。日本の産業経済がここまで発展したのだから、生産者寄りの政治行政をやめ、消費者重視の姿勢に変るべきだともいう。だが、具体的な仕組みの変更になるとことごとく反対する。

「そりゃあお前だって結婚したんだから、嫁さんの希望も入れなきゃいけないよね。だけどこの趣味だけはいただけないわよ。お母さんがお前の嫁に似合うものを選んであげるから買っておげ。きっと喜ぶわよ」というわけだ。母親のほうは理想的なよき姑のつもりだろうが、嫁さん（消費者）にとっては迷惑千万、こっそり香港やヨーロッパに買い物旅行に出かける始末なのだ。日本の消費者は、政府が選び与える規格品や国民学校型の教育や標準医療制度や、東京集中構造を前提とした無個性的な地域開発政策に飽き飽きしている。向上した所得にふさわしく、自分自身の「好み」を満たしたいのである。

日本人が本当の「豊かさ」を実感できない、というのもこれと同じだ。グルメ食品が出回り、衣料は高級化し、自動車が普及し、電気製品が揃い、貧しいといわれる住宅でさえもヨーロッパ諸国を上回る広さになったにもかかわらず、「豊かさ」を実感しないのは、「好み」を満たす選択の自由が乏しいからである。今、日本に必要なことは、母親が買い与える商品の種類を変えたり、勉強部屋の模様替えをしたりする「中身」の変更ではなく、母親の干渉をなくする「仕組み」の変革だということが、ママゴン政府には分らない。いや、権限の必要性を主張するためにも分りたくない。世のたいていのママゴンが、「お母さんはお前のためにしているんだよ」と言いながら、その実、息子を思いどおりにする権限意識で行動していることに気づかないのと同様、官僚たちもそれに気づきたくないのである。

自由と楽しさを、正義の一部に

要するに、世界構造の変化と日本経済の発展によって、日本に必要な行動と日本人の欲求が変ってきた。小中学校のころなら、ひたすら勉強に励み一流大学に合格するのが母親にも本人にもが幸せでもなければ成功の道でもない。

幸せへの道かもしれないが、三十を過ぎた大人になると、真面目一徹で残業と貯金に励むばかり子供のころと大人になった後では「よいこと」が違うように、国も所得も低かった発展途上時代と、世界の「経済大国」になり所得水準が向上した今とでは、必要な行動と国民の欲求が変っている。一九七〇年ごろまでは、「最適工業社会」を確立し物的生産の量を増大することが日本人の願いにも適っていたが、今では選択の自由を可能にする多様な供給と、生活を楽しくする時間的余裕も望まれるようになっている。われわれは、そうした現実を認識し、それにふさわしい倫理をもたなければならない。

日本の繁栄と安全を確保しつつ、日本人の欲求を満たすこと、それが本当の「正義」である。戦前の官僚や軍人は、八紘一宇の精神を「大東亜共栄圏」に広めることが正義だと主張した。だが、その結果は日本の繁栄と安全を打ち壊した。徴兵を厳格にし、軍備を強化することが正義だと叫んでいた。しかし、大部分の国民は徴兵令状を恐れ、物資不足に悩んでいた。つまり、正義ではなかった。いかに合法的な政策の継続であっても、国家の繁栄と安全を損い、国民多数の欲求に反することは正義ではない。

日本人多数の欲求が、「外国に蔑まれない国づくり」であり、重工業の振興が就業場所の確保と将来の産業発展に必要だった明治の時代には、軍備の拡大もある程度までは正義であったろう。だが、それがかなりの程度に満たされた第一次世界大戦以降になると、正義ではなくなっていた。それを正義としたのは、官僚機構と軍人社会の自己拡大欲望によるところが大きい。大人になった息子に戦前のママゴン政府は子供時代と同じ正義感を押しつけていたのである。

半世紀にわたって官僚主導型協調体制が維持されてきたのは、それにふさわしい倫理観、つまり「効率」と「平等」と「安全」を正義とする倫理観が成立していたからである。官僚機構は、「効率」を正義とする倫理に基づいて、製品の規格化を推進し業界を指導してきた。「平等」を正義とする倫理によって学校や地域の格差是正を叫び、標準医療制度や大規模小売店舗法を施行してきた。そして「安全」を正義とする倫理で施設基準を強化し、イベントを規制し、やたらに窮屈な警備体制を敷く習慣を確立したのである。

それらの一つひとつは決して悪いことではない。産業の効率を高め、人々の平等を保ち、事故を防止することは、たしかによいことだ。ここで問題なのは、ただそれだけでは富み栄えた日本と日本人には十分ではなくなったことである。日本が本当に「豊かさ」が実感できる社会となるためには、「効率」と「平等」と「安全」とに続いて、「自由」と「楽しさ」を正義の一部として加えるべきである。

これは簡単なことではない。一つの正義と他の正義との対立がしばしば起る。これまでも、「効率」の正義と「平等」または「安全」の正義が対立することがしばしばあった。公害防止問題でも、所得税の累進率でも、公共事業の配分においても、それは起った。こうした正義と正義の対立を調和するのが政治である。正義と正義でないもの――たとえそれが「いいこと」の一つではあっても、正義とまでは認識されていない場合には――との対立は、行政の水準で片づけられてしまう。

したがって、選択の「自由」や生活の「楽しさ」を正義とするということは、「自由」や「楽しさ」が「効率」や「平等」や「安全」と対立した場合には、政治問題になるような社会をつくるということでもある。したがってそこでは、政治的妥協のなかで、「自由」や「楽しさ」を拡大するために、「効率」や「平等」や「安全」がある程度犠牲になることもあり得るのだ。あたかも公害防止のためには産業の効率が妨げられることがあったり、効率のためには多少の交通事故も許容されているように。

新しい世界構造の中で、日本が世界と繁栄を共有し、日本人が「豊かさ」を実感できる選択の自由と生活の楽しさのある社会をつくるためには、そうした正義の多様化が不可欠である。

4　日本社会を「革質」せよ

官僚機構に過剰な信頼を抱くのは危険だ

日本の現状を打破するためには、倫理の多様化が必要だ。そしてそれは政治の拡大であり、行政からの自立でもある。つまり、官僚機構に支えられた政府というママゴンから親離れすることだ。それには、官僚機構というものの実態を、国民が十分に認識する必要があるだろう。

世間一般の目には、政府を支える官僚機構は正義の巨塔に映るだろうが、その内実はそれほど立派なものではない。日本の政府官僚の数は多いが、その大部分は政策決定に関わりのない現場の仕事をしているにすぎない。そのうえ、政府機構は著しく細分化されているので、一つの問題に携わる人数はさほど多くない。

たとえば、日本全体の経済と生活にかなりの変化を与える税制のような重大改革でも、それに権限と責任をもって携わる人数は多くて数十人、厳密にいえば十数人である。同じ税制といっても、国税と地方税で、また国税の中でも所得税、法人税、消費税、ガソリン税など、各税目で所管が違うからである。

税制でさえもこうだから、特定の産業や教育、医療の問題になれば、さらに少数で決定されている。時にはごく数人の意向によって、当該分野の何十万人もが相当な影響を受けることもあり得る。日本の官僚機構は、組織と権限が極端に細分化されているため、官僚たちは所掌分野以外に口出ししないようになっているからだ。

第二に、官僚機構を動かす人々も、個人的利益と集団的熱狂に染まりやすいごく普通の人間だ、という点である。日本の官僚は優秀だ、とよくいわれる。たしかに政策決定に権限をもつ地位に上るような官僚たちには、一流の大学を卒業し、競争率の高い国家公務員試験に合格した人々が多いし、それぞれの職務と組織に忠実な善人が多いことは事実である。

しかし、これらのことも、官僚の思考が厳正で判断が正確だという証(あかし)にはならない。一流大学を出て公務員試験に合格したことは、記憶力のよい試験上手を意味しているにすぎないし、組織と職務に忠実なことは、権限意識が強く、仲間内の評判を気にする性格の反映でもある。したがって官僚たちはまず、その所属する各省内での利益を優先した思考と判断をすることを忘れてはならない。

個人的には、日本の現状を憂える良心と先見性に満ちた役人は各省庁に数多い。だが、そんな人々も、自分の所掌の問題となれば、所属の省庁の権限拡大と組織増加のほうを優先する。それが、その人物の現在の評判と将来の出世を決定する。普通の人間である官僚たちに、自分の所属する組織内での評判と出世の可能性を放棄して、国家国民全体のことを考えよというのは、あまりにも酷なことなのである。

それ以上に重要なことは、縦割りに組織された官僚機構の中にいると、長い職務経験と特定された情報環境に埋没し、自分の所管業務こそが何よりも大切だ、と信じ込んでしまうことだ。官僚が情熱をもって事に当り、全力を挙げて仕事に没頭するとすれば、そうならざるを得ない。そんな立場にある官僚たちに、国家全体の方向を委ねるのは、酷にして愚かなことだ。日本の官僚は国家全体の針路を決定する教育と訓練を受けていないのである。

官僚機構の第三の特徴は、行政の結果に対して個人的に責任をとることもなければ、とることもできない、という点である。仮に、何かの問題で特定の官僚の判断が誤っていたため、国家と国民に膨大な損害が生じたとしても、その官僚自身の所得も出世も妨げられることはない。たとえそれが国家賠償責任になったとしても、賠償を支払うのは国家の税金からであって、その官僚の所得や財産からではない。

真珠湾攻撃に先立って行われる手はずだった宣戦布告の通告が、駐米大使館の職員のミスで時間遅れになったことはよく知られている。だが、この事件に責任があった二人の外交官は、処罰を受けるどころか、ますます出世し、外務次官となり勲一等の勲章まで受けた。五十年後の今も、日本と日本人のイメージを悪くするほどの重大な過失を犯しても、部内での評判さえ良ければ、官僚は出世するのである。

自由経済と民主主義の支持者が、とくに強調するのはこの点だ。自由経済によって消費者の選択に任せるならば、選択の誤りで生じた損害を補うのは消費者自身である。民主主義政治で失敗をすれば、その政治家は次の選挙で落選するという形で責任をとらされる。だが、官僚はどんなに失敗しても、自己の属する組織（各省庁）での評判さえ良ければ、解雇されることも減給されることもない。

「他人の金を使うときは、自分の金を使うときほど注意深くはなり得ない」――官僚機構が行使する権限や予算を増やすときには、つねにこの格言を思い出すべきであろう。

官僚主導型協調体制ともいうべき日本の現状は、以上のような特性をもった官僚機構に、国家の重要事項の決定権限を付与する形になっている。戦前の日本が、外国との妥協をせずに戦争への道に突入した大きな理由は、細分化された組織の中で、それぞれの組織（省庁）にのみ忠実な官僚機構に重要な決定を委ねた点であった。政治が国民の信頼を得ていないのは不幸なことだが、その組織形態と人事評価が国家全体を考えるようになっていない官僚機構に過剰な信頼を抱くことも、それ以上に危険である。

「専門家」からは大胆な改革案が出ない

しかし、問題が官僚の権限意識だけであれば、これはまだ単純だ。熱心な世論の支持と強力な政治の決断があれば、官僚の反対を押し切って行政改革を行うことも可能である。より重要な問題は、ママゴン政府が規制指導する「官導体制」が半世紀も続いてきた結果、日本にはそれに合わせた組織ができ利権が生じ、その中でのみ「専門家」が育成されてきたことである。

今日、それぞれの分野で「専門家」といわれる人々のほとんどは、昭和十六年以来の「官導体制」の中でできた組織の中で育ってきた。彼らの組織と彼らが身につけた知識や技能は、この体制の中でこそ有用なのだ。したがって、たいていの「専門家」は、この体制が変更されれば、自分たちが拠って立つ組織が崩壊するのではないかと恐れるし、自分たちの蓄積した知識と技能が無用なものになると嘆く。このため、誰もが現在の体制には危機感を抱きながらも、根本的な仕組みの変更には漠然とした不安を感じて消極的になってしまう。

たとえば、「官導体制」の主要な柱である学校教育がその典型である。この十年間、学校教育の改革の必要性は何度も語られた。高校、大学ではもちろん、小中学校でもより個性的な教育が必要だといわれてきた。このために中央教育審議会が何度も開かれたばかりか、中曽根内閣においては臨時教育審議会まで設けられた。だが、結果としては片々たる些細な「中身」の修正が行われただけで、一学区一学校の通学区域によって学校選択の自由を与えない「国民学校体制」には、何の修正も加えられなかった。教育官僚と日教組の連合体にいくつかの利権団体を加えた「専門家」の集団が、断固として反対するからである。

この十年間に学校の現場で行われていることは、校則の強化や入学試験の複雑化など、一段と個性と創造力をなくするほうであり、現実の社会で進行していることは、学習塾による学校教育の肩代りである。

同様のことは、農業問題についても、医療の問題についても、土地問題や警察の問題についても当てはまる。これらの問題について、所管の官僚機構と関係分野の専門家が言い続けてきたことは、ごく些細な「中身」の変更と、従来の「仕組み」により多くの予算を注ぎ込むことだけである。

官僚機構ばかりか、各分野の「専門家」までもが「官導体制」の受益者集団となった日本では、いわゆる「専門家」から大胆な改革案が出るはずがない。この国の重要な改革が、すべて外圧によって進められてきたのは、そうした官僚—専門家コンプレックスを打ち破る力が、外国にしかなかったからである。

「新都」建設の強烈な衝撃が必要だ

日本を冷戦後の新しい世界構造と富み栄えた経済にふさわしい発想と行動の国にするために、今、なすべき改革は実に多い。政治の信頼を高めることもその一つであろうし、行政の自意識と介入を減少させるのもその一つであろう。産業界や医療、教育などの分野に携わる人々が、長い官僚主導型の保護体質から抜け出して自立した意識をもつこともまた重要だろう。同時に、消費者としての国民が、望むところを率直に表現する勇気と責任感をもつことも必要であろう。政治と行政からあまりにも長く甘い囁きと空虚な扱いを受けてきた日本の消費者には、選択の自由と生活の楽しみを享受することへの期待と不安が交差している。

これらのことを全体として考えれば、今、日本が必要としているのは、社会全体の本質的な改革になるだろう。政体の変更を「改新」という。大化の改新はそれであった。政策の変更を「改革」という。享保の改革がその典型だ。政治目的の変更は「維新」といわれた。明治維新がそれに当る。いずれの場合も、それまでの政治と社会の体制が行き詰り、衰退した結果起った事件だ。

今、日本に求められるのは、そのいずれでもない。日本が経済的に成長した結果、より高次な世界の期待と国民の欲求に応えるための社会の質的な変更である。つまり、日本全体の巨視的な「体質」と「気質」を革めることだ。これを名づけるならば「日本の革質」とでもいうべきであろう。したがって、これには「革命」や「改新」のような外科的手法は採るべきではない。今日まで日本が蓄積してきた経済力と技術力とを維持発展させながらの、平和的な変革でなければならない。

そのような例を日本の歴史に求めるならば、古代・奈良時代から貴族支配の平安時代への変革、あるいは貴族社会から武家社会の鎌倉時代への変革が挙げられる。いずれの場合にも、国家と社会の本質的変革のためには政治行政機構の位置の変更を伴っている。行政の組織に不可避的な変革を迫り、一般国民に心理的改革を求めるには、誰の目にも分りやすい衝撃としての位置変更が有効だったのである。

平成の日本が成し遂げなければならない「革質」にも、同様の強烈な衝撃が有効であろう。その意味で、昭和十六年以来の「官導体制」のもう一つの柱である「東京一極集中」を解消する新しい政治行政機構の集中的移転、いわゆる「新都」の建設は検討を急ぐべき課題である。

東京の過密対策や地価高騰対策という現実的な次元からも、日本「革質」の高度な要求からも、この問題は避けて通れない時期に来ているのではないだろうか。

本書のはじめに、日本の体型は東京一極集中の有機型地域構造、体質は最適工業社会、気性は内志向の集団主義、気質は官導体制と書いた。体型を変えれば体質も変る。気性や気質も変る。このことは、クレッチマーの体型心理学が説くところだ。これらすべての変革を、誰にでも分りやすい体型、つまり東京一極集中の変更からはじめるのも一案であろう。いやそれが、もっとも現実的な方法かもしれない。政治行政の中核都市としての「新都」ができるのは十五年ないし二十年先としても、それがつくられるというアナウンス効果が、ただちに体質と気性と気質にも影響するからである。

おわりに

日本人なら誰しも、日本が将来も平和で繁栄した国であって欲しい、と思うだろう。自由で民主的な国であって欲しい、と願う人も圧倒的に多いに違いない。もちろん、私もそのひとりである。

この二つの願いは、おそらく矛盾することがないだろう。世界はますます自由と民主の方向に向っている。日本が外に平和と友好を保ち、内に豊かさの実感できる国になるためには、自ら自由な市場経済を形成し、国民大衆が外交内政を決定する民主的な体制を持たなければならない。

しかし、これを実行することは決して簡単ではない。自由経済も民主政治も多くの不純物が混入しやすい仕組みだからである。

人間は誰しも、公正無私にはなり得ない。自分ではそのつもりでも、それぞれの経験や立場や利害から逃れることはできない。そのうえ、この複雑な世の中では、あるゆる事柄について、正確な情報と十分な理解とを得ることもできない。大抵の人々には、社会経済の現象のほとんどが興味のない専門外の問題なのだ。自由経済とは、そんな移り気で情報不足な大衆の需要に、景気の動向や企業の盛衰を委ねる仕組みであり、民主主義とは、そんな無知で無関心な国民に政権の選択を求める体制である。

当然、そこには多くの不純物が混じり込む余地があるし、それを悪用して不当な権限と利益を得る勢力が現われる可能性もある。自由経済と民主主義を守るためには、そうした不純と不当を大衆自身が排除しなければならない。しかし、不純や不当が大衆の目に触れ耳に入り、排除する行動が実現するまでには一定の時間と規模が必要である。たとえ国民大衆が賢明であり冷静であったとしても、それまでの間は、不純と不当が存在するのは避けられない。そしてそれが完了した時には、また別の不純と不当が発生しているのがつねである。

自由と民主は、清廉潔癖な「無菌社会」をめざす仕組みではなく、多少の汚濁も微菌も発生することを許容したうえで、つねに不純と不当を除去する浄化機能を大衆多数の判断に求めようという仕組みなのだ。

したがって、自由と民主の中に生きるためには、大きな目的のために小さな不純や不当に耐える覚悟がいる。つまり、自己責任の許容と多様性の煩わしさと相対的納得が必要なのだ。

自由経済では、それぞれが自由な選択ができる。だが、その結果はつねに最良とは限らない。教育においても職業においても、投資や消費においても、運不運はつきまとう。議会制民主主義は、政治を担当する政治家と政権を、政治の需要者たる国民(有権者)の選択に委ねる制度だ。当然、国民の選択が誤ることもある。その場合の被害もまた、国民全体が不運として許容せざるを得ない。自由と民主には、つねに選択者の自己責任がつきまとうのである。それを避けようとすれば、自分以外の誰かに選択を委ねること、つまり自由と民主を放棄することになってしまう。

自由と民主は必ず多様性を生む。経済の自由化は商品サービスを多様化する。国鉄が分割民営になれば切符の種類は増えるし、金融が自由化すれば金融商品が多様化する。政治が民主化されればいろんな意見の政党政治家が現われる。多様化があってこそ、それぞれが好みの商品サービスを選び、好みの政党に投票することもできる。言論が自由な社会ではデマゴーグも出現する。誇張も誤報も皆無にはできない。だから多様化には煩わしさがつきまとう。選択に迷うだけではなく、危険や被害の恐れも生じる。つねに情報を集め、つねに決断をしなければならない。それを厭うなら自由と民主の利益を放棄することになるだろう。

不純と不当が完全には除去できない自由と民主の社会で、最終的には一つの結論を出すとなれば、完全無欠な理想が実現することはあり得ない。誰かにとって完全無欠な理想は、他の人々にとって著しく不満な状態になるからだ。税制一つをとっても、このことは明らかだ。とくに政治や社会の体制選択ではそうであろう。自由と民主の世の中に生きる者は、つねに相対的な善に納得せざるを得ない。その繰り返しが経済の繁栄と社会の進歩をつくるのである。

自由経済を破壊するのは、企業や商人の不当利益でもなければ、大衆を惑わす「浪費づくり」でもない。そうしたことは自由経済につきものの不純と不当ではあっても、長期的巨視的には浄化される種類の小さな悪にすぎない。本当に自由経済を破滅させるのは、そうした不純や不当の除去を理由に、統制を強化し権限を広げる独裁と官僚の統制である。

民主主義を消滅させるのは、政治家の金銭疑惑や選挙違反ではない。それらは民主主義につきまとう持病ともいうべきものだが、死に至る病ではない。民主主義を死滅させるのは、この持病を口実に国民の選んだ政治家から権限と機能を奪い取る独裁と官僚の政治である。

人類は、高潔の独裁者や有能な官僚による統制で清廉な「無菌社会」を実現しようと何度も試みたが、結果としてはことごとく失敗だった。独裁者や官僚が清廉とする尺度そのものが耐えがたい独断に陥ることを防げないからである。最近の社会主義の敗北も、その例を追加したにすぎない。

自由と民主を守ろうとする者は、「無菌社会」の実現を唱える独裁に反対しなければならない。目立った事故や不正を契機に、統制を強化し基準を押しつける官僚統制に抵抗しなければならない。声高に世の不正を叫んで熱狂を生み出そうとする報道にも冷静でなければならない。

かつて昭和のはじめの日本は、議会政治の金銭疑惑と自由経済の不平等を叫ぶ声に惑い、自由と民主を放棄し、清廉にして有能な軍人官僚にすべてを委ねた。確かに彼らは、議会政治家ほどには金銭に汚くはなかっただろう。自由経済の不平等を糺す政策も行っただろう。だが、その職業共同体の権限意識と価値判断の歪みが、全国民に及ぼした損害はきわめて大きかった。大衆によって選ばれることも罷免されることもない人々は、それぞれの共同体の内部だけに忠実だったからである。

自由と民主を望むならば、決してそれを理想化空想化してはいけない。自由経済と民主主義の長所も欠点も十分に知ったうえで、それを実現することが大切なのである。

今日の日本は、必ずしも自由経済と民主政治の国ではない。今や家計消費の大半を占めるに至った教育、文化、情報、医療、運輸、警備の多くで、昭和十六年以来の官僚主導体制を維持され、強化されている。一見、自由に見える製造業や流通業でも、官僚の主導と業界の協調による「見えざる統制」は、はなはだ強い。そしてそれが効率と安全と平等に役立つという理由で、しばしばマスコミ論調でも支持される。情報自体も記者クラブ制度や電波許認可と流通業界協調によって、官僚主導体制に組み込まれているのである。

こうした現実から、自由経済と民主主義を実効あるものにするには、国家と社会の本質的な改革が必要である。人間が体質を改善し体型をあらためため、気性と気質を変えるには、重大な覚悟と強い自制心が要る。日本が「国質」を革めるにも、それ以上の覚悟と努力が要るだろう。この小論が、そんな気持を国民の間に広げるのに多少とも役立てば幸せである。

本書の多くの部分は、一九九〇年後半に執筆『Ｖｏｉｃｅ』誌に連載したものを、一部は九一年二月に執筆『中央公論』誌に掲載した拙論を基にしているが、本書の出版に当っては全面的に書き改め、編集も新たにした。世界情勢が激動した時期だけに、この作業は時間を要し、出版社には多大のご迷惑をおかけした。それに耐えて、この出版を実現していただいたＰＨＰ研究所専務取締役の江口克彦氏、第一出版部の今井章博氏らに心からの感謝を捧げたい。

一九九一年五月

堺屋太一

初出　『Ｖｏｉｃｅ』一九九〇年九月号〜十二月号
『中央公論』一九九一年四月号

〈著者紹介〉
堺屋太一（さかいや　たいち）
〈**略歴**〉1935年大阪生まれ。東京大学経済学部卒業とともに通産省に入る。通産省時代に日本万国博覧会を企画，開催にこぎつける。その後，沖縄海洋博や将来のエネルギー安定をめざすサンシャイン計画を推進する。1978年通産省を退官，執筆・講演活動に入る。現在は政府税制調査委員，政府地域活性化懇談会委員，セビリア万国博日本出展総合プロデューサー，アジアクラブ理事長として活躍している。
〈**著書**〉『油断！』『団塊の世代』『巨いなる企て』『峠の群像』『豊臣秀長（上・下）』『鬼と人と（上・下）』『次代思考の座標軸』『三脱三創』『知価革命』『千日の変革』『新規の世界・転機の日本』『「新都」建設』など多数がある。

日本革質
社会の質を変えねば繁栄はない

1991年6月7日　第1版第1刷発行

著者　堺屋太一
発行者　江口克彦
発行所　PHP研究所
東京本部　〒102　千代田区三番町3番地10
第一出版部　☎03-3239-6221
普及一部　☎03-3239-6233
京都本部　〒601　京都市南区西九条北ノ内町11
☎075-681-4431
印刷所
製本所　図書印刷株式会社

ISBN4-569-53000-1